運河漕運與青幫

光清敬編

中華民國商標註冊證

商標註冊號數：01417955
商 標 權 人：吳光清

名　　　稱：通漕吉慶及圖

圖　　　樣：

「太極圖」不在專用之列。

權 利 期 間 ：自 2010 年 7 月 1 日 至 2020 年 6 月 30 日 止
類　　　別：商標法施行細則第13條 第 043 類
商品或服務名稱：兒童照顧、日間托老服務。

經濟部智慧財產局
局　長　王美花

中華民國 99 年 7 月 1 日

開鑿大運河的隋煬帝。

力整修運河的工程。

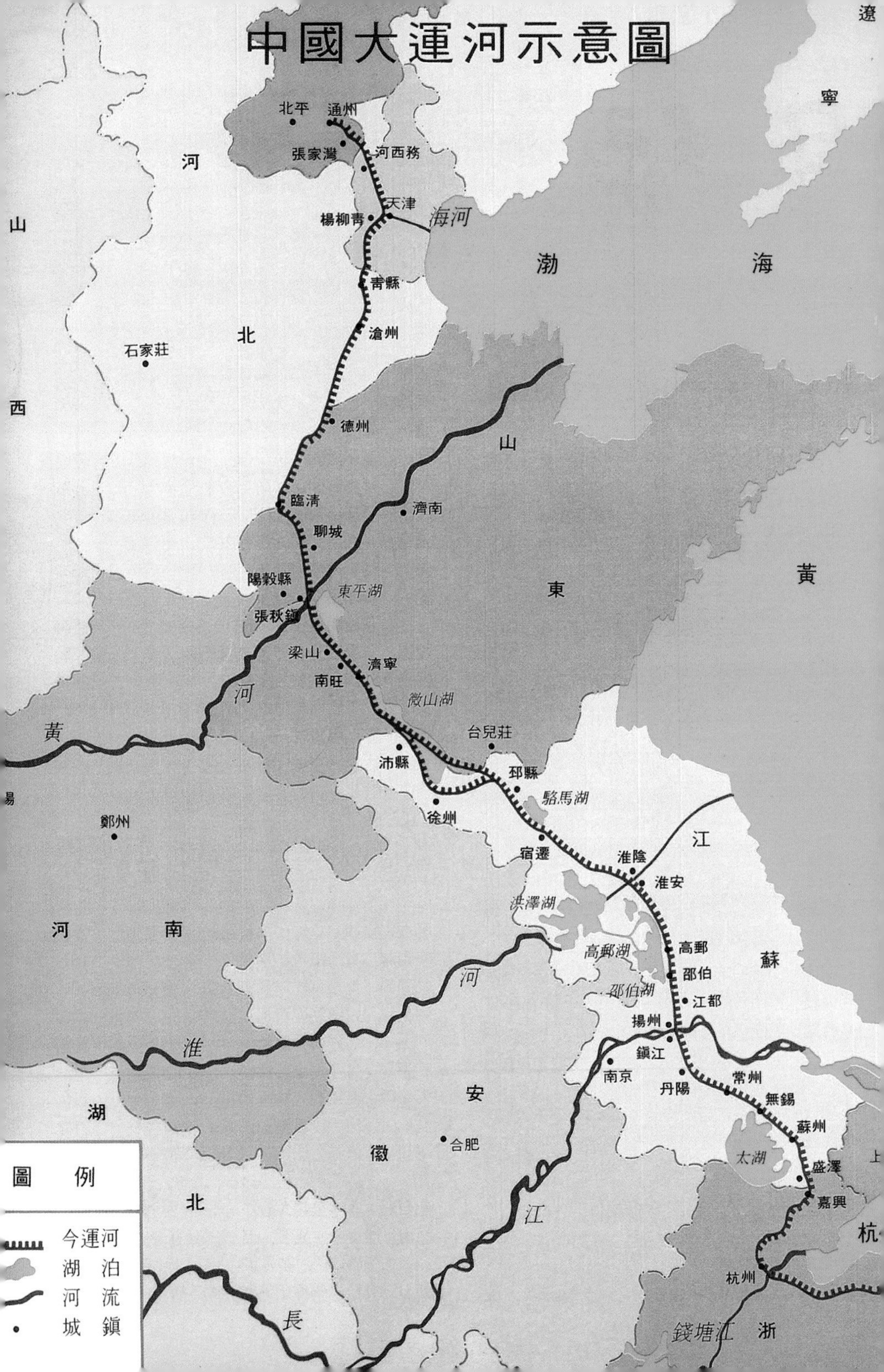
遼
寧
北平
通州
張家灣
河西務
天津
楊柳青
海河
渤
海
青縣
滄州
河
北
山
西
石家莊
德州
山
東
臨清
濟南
聊城
陽穀縣
東平湖
張秋鎮
梁山
南旺
濟寧
微山湖
黃
河
台兒莊
沛縣
邳縣
駱馬湖
徐州
宿遷
江
淮陰
淮安
洪澤湖
高郵湖
高郵
邵伯
邵伯湖
蘇
江都
揚州
鎮江
河
淮
南京
丹陽
常州
無錫
蘇州
太湖
盛澤
嘉興
杭
杭州
錢塘江
浙
安
徽
合肥
湖
北
江
長
河
南
鄭州
圖 例
今運河
湖 泊
河 流
城 鎮

中國大運河示意圖

北京東便門外一段二十公里長的運河，至今仍沿用通惠河原名。

通州附近北運河起點。

天津金剛橋。二十世紀初，原來在三汊口匯入海的南、北運河，在一次裁彎取直時，把河道北移，改在金剛橋附近匯入海河。

天津三汊口鳥瞰。這裏原來是北運河、南運河匯入海的地方，天津就是在三汊口一帶逐漸形成、發展，成為一個大都會。

河船渡。

四女寺運河。

四女寺運河東岸的進洪閘。

長秋鎮是大運河與黃河交匯的地方。圖為黃河渡口--孫口。

山東梁山縣境內的運河。遠處為梁山。

山東運河上的一個船閘。

山東濟寧運河水運繁忙。

運河上的貨船。

高郵運河與高寶湖僅一堤之隔，每當淮河上漲，洪水經高寶湖湧進運河，所以運河東堤極易決口。

蘇州郊外運河景色。

古運河南北向的蘇(州)杭(州)線與東西向的運河新線湖(州)申(上海)線，在蘇州以南吳江縣境內的平望作正十字交匯，這一帶的水上交通特別發達，被稱為「金十字架」。圖為平望的「金十字架」河道。

大運河的最後一座古石橋--拱宸橋。

運河彎上海四行倉庫抗戰紀念館

京杭大運河婉蜒穿過無錫，是境內主要交通要道。

南京秦淮河畔。

大運河貫穿江蘇省，有運輸、灌溉雙重功能。兩岸綠油油的田野，給人溫沃富庶的感覺。

遷是項羽的故鄉，位於大運河中段，圖為河上的運輸船隊。

波運河與二岸風光。

周莊　夢中的水鄉　water township。

南水鄉　A township on water in Southern China。

小橋流水人家　Bridge, water and house。

漫游水鄉　Water township tour。

富安橋　Fu' an Bridge。

游船碼頭　Boat wharf。

一日游　One-day Toru。

Water route in the village。

中市河　Zhongshi River。

船娘　Wonam boater。

白硯湖　Baixian Lake。

春汛　Spring flood。

全福講寺 Quanfu jiang Temple。

南湖度假村 South Lake Holiday Resort。

雙橋（鑰匙橋） Double Bridge （Key Bridge） 。

戎紹興 序

中華民族的祖先們，很早以前就發現利用水道的交通運輸，具有經濟與省力的持點，加上中國民眾勤勞、智慧與堅強的毅力，一代接一代的努力，逐步發展了水道的交通運輸，穫得豐碩的成果。

在不斷的開築整修，以及串連自然水系，配合陸地的交通，一條由杭州直達北京，全長一千七百九十四公里的人工大運河得以暢通，相對於中華文化的傳揚，中華民族族群的融合，更是懋功至偉。與此同時國家統一，政治經濟穩定發展，歷經唐宋元明清朝代的傳承數千年來各種族構建為中華民族，在運河交融下不分彼此，共存共榮，隨著時代的進展，便捷的水道運輸，防洪防澇，灌溉發電造福了地方。更在繁榮富足下使國富民強。

由運河而漕運，進而論述到江湖英雄的青幫在本書有一交代。

由於遷就於政治的現實，被蓄意掩蓋的歷史隱秘，在禁忌消失之後，自必水落石出，顯現真相，定期解密以釋群疑，還原本真，自有必要。秘密社會的產生時代背景，反映事實與現實的需要。

正如國人常言：旁觀者清，我也相信局外人不涉及本身主觀的認識，將更客觀些，如此青幫的存在價值與歷史及未來地位將更適切，倘若以訛傳訛，道聽塗說，傳聞臆測，將更失真相。

但願看過此書的人，能幫助他們在人生旅途上，能夠藉道交友，且得道多助，能夠藉之發揮個人的才幹能力，照顧到家族戚友，服務到社會與團體，貢獻到國家與民族。

出版緣由

筆者忝為中國秘密社會、文史工作研究者，五十年來專注於青幫的探索，稍有心得。尤其適逢解嚴（註一），更覺有必要將不為人知的事蹟，不再以訛傳訛的公佈於眾，真象大白。倘前人忠孝節義事蹟泯滅，將何其可惜。而發表是最好的保存，倘知之不言，而言者又多不真知，必然誤謬多多。

吾人正確認知青幫，對中華民族之振興必有正面功能。倘若為欺名盜世卻別有用心者誤會而利用，那就更堪憂慮，故不揣鄙陋，盡力蒐集，披露真象，使其返璞歸真。以此拋磚引玉，尚請賢達高明鑒察是幸。

大運河是世界最偉大的水運工程。而漕運則是最經濟又便捷的水上道路，依此運作的青幫對社會及國家的貢獻厥功至大且至偉。更在外族入侵時為維護民族精神生存的努力，使五族得以精誠凝聚自然融合，成中華民族進而光大中華文化讓東亞文明無遠弗屆，歷久彌新。令世界得受惠得益。

由於貫連中國的五大水系，（長江、黃河、淮河、錢塘江、閩江）大運河經過的地區，刺激著貿易的發展與其商業運輸更是私人和公共財富的固定來源。它影響著沿岸的數千萬人民生存和生計，其重要性不可言喻，千百年來更造就了地區的經濟發展，不但使物質的運輸得到最經濟便利的交往，更帶來擴大發展的際遇與創新，沿運河成長的城市，比比皆是。農工商業也得興旺，對中華文化的交流，中華文明的拓展有如展翅高飛，是人類歷史上最有價值，最偉大的工程，在中華民族的混融上立下無與倫比的功績。進入中原的蒙古與滿州，更為統治的需要，也開拓運河，延伸到更多的地區，更在中華文化博大涵泳融入中華民族，吾人深知運河的開鑿，使漕運通暢，而在清幫運作下又以墨家仗義本質發揚了中華文化民族精神，發揚了抑强扶弱、伸張正義，進而維護世界和平使共利共榮世人共享。

（註一）公元一九八七（即民國七十六年）中華民國政府在臺灣宣佈解除戒嚴，開放所有政治的禁忌。成為完全開放自由、民主社會，這是中國數千年來歷朝歷代不曾有過的大事。此等創舉亙古未有，所有政治思想及政治團體皆有發展推動的機運。何其偉哉，何其壯哉。

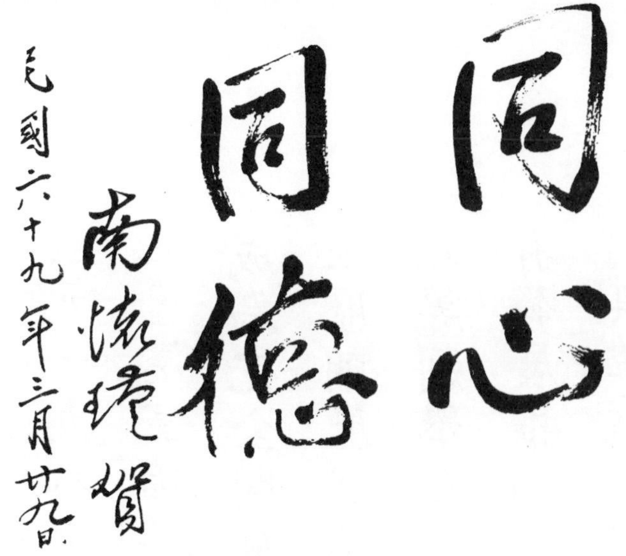

【安親頌】

何志浩 作詞 4/4E^{b}
宋繼中 選曲

| 5555 | 565— | 2212 | 3— |
發揚民族 精 神 我們的主 張

| 1351̇ | 1̇—7— | 6634 | 5— |
實踐四維 八 德 大家齊努 力

| 2252 | 343— | 551̇5 | 6— |
我們義氣 千 秋 熱血在胸 膛

| 6545 | 6545 | 6543 | 2— |
團結一致 努力不懈 就是大力 量

| 1111 | 16̣7̣1 | 2212 | 3 |
只 要 有你我在 清門一定 旺

| 551̇7 | 1̇—5— | 4321 | 1— |
只 要 有你我在 家理永傳 揚

目錄

一、前言

經濟是國家賴以生存，發展的支柱。運河像人體內的血管，但對中國歷代統治集團由於提供了豐富的資源，既穩定政權的鞏固與維持，在功能上貨暢其流富裕了民生，使士農工商各安其業，現在雖科技日新月異，而立體的交通又無遠弗居，但運河仍有其亙古永久存在的實用價值。

大運河北起北平，南迄杭州，流經河北、山東、江蘇、浙江四省全長一千八百六十餘公里，因為開鑿於中國古代，所以習慣上稱這條縱貫南北的人工河道叫做古運河。

提起這條古運河，一般人都說是隋煬帝開鑿的。其實，古運河最早開鑿的年代遠在隋煬帝之前。

公元前八世紀到公元前三世紀，整整五百年在中國歷史上稱為春秋戰國時期。其時，周王室已經衰微，各諸侯國為了爭奪霸權，展開了一場長期又頻繁的兼併戰爭，在這場生死存亡的戰爭中，為了支應軍事上攻防的需要，產生了中國古代兩項最壯偉而艱鉅，而且是全靠人力完成的重大工程。

自古以來，歷代的建都，莫不要顧慮到政治、軍事與經濟諸因素。在魏晉南北朝以前，中國的歷史幾乎全以北方作舞台，經濟上亦尚可自給，故北方素為建都之理想場所。然自南北朝以後，中國之經濟重心已逐漸由北向南轉移。自隋煬帝開鑿運河以後，更加速南方的經濟發展。所謂「兩湖熟，天下足」或「江浙熟，天下足」在在表示江南的經濟已一躍而為全國的重心。

經濟重心雖然南移，可是軍事、政治的重心，由於地理與國防的關係，卻仍舊留在北方。故在北方所建之國，不得不建立一交通系統來轉運南方的糧食，「漕運制度」因此為歷代所重視。這個情形在安史之亂以後，更為明顯。唐德宗時，因漕運一時杜絕，長安人民餓死無數。不久江淮轉運史韓滉送江南米三萬斛至，德宗大喜，急至東宮告太子曰：「米已至陝，吾父子得生矣。」宋之建都汴京，主要原因即為遷就漕運。元朝末年，天下大亂，漕運遂絕，大都之米奇缺，勳戚權貴錦繡衣著手抱珠玉而餓死者甚眾。

漕運之重要，由此可知。明朝以來，漕運制度已漸具規模，永樂時，會通河之開鑿，使漕運更形完備。清因明制，漕運制度亦深受影響。然因時制宜，漕運在清朝當有不同之變革。其改革情形如何，及其在經濟上之作用與影響又如何，則為本文研究之主旨。

二、求生存戰爭下的產物

長城在北方的邊陲，而運河則先在江淮之間，當時，吳國據有今日太湖一帶的地區，國力強盛。吳王闔閭為了向西擴張勢力，在周敬王十四年（西元五〇六年）命大臣伍子胥主持開鑿了從太湖向西直達長江的胥溪，胥溪長一百餘公里，是中國也是世界上最早開鑿的一條運河。

吳王闔閭就是沿著胥溪揮軍進攻楚國，取得勝利的，公元四九五年吳王闔閭在與近鄰，越國的戰爭中受傷而死，兒子夫差繼位，夫差又命伍子胥開鑿的一條由太湖東向直達胥浦的運河。次年吳軍沿胥涌出海口，從海上直攻越國，戰勝了越王勾踐。

吳王夫差在臣服了越國之後，遂於周敬王三十四年（公元前四八六年）在長江北岸構築邗城（今江蘇揚州西北）以此作為討伐齊國（今山東北部地區）的據點。同時，又自邗城向北開鑿一條運河，引長江之水北流入淮水，這條運河全長一百八十五公里因流經邗城，故稱「邗溝」。

公元前四八五年，吳國大將徐承率領水師經邗溝轉淮水，循海路北上，次年在艾陵（今山東泰安）與齊軍決戰，一舉得勝，重創當時春秋霸主齊國。而這條被稱為邗溝的運河，後來在隋煬帝開鑿大運河時，先疏濬為山陽瀆，是今日中國大運河最早的一段。

三、隋煬帝大魄力開運河

結束東晉以後二百七十年，長期紛爭南北分裂局面的隋朝，使國家重新得到統一。但新王朝還不夠穩固，特別是東南地區，各方面反隋勢力此起彼伏。為鞏固統治地位，調集大軍征伐是必要的手段，於是以河北涿郡為據點，隋煬帝完成了對東南地區的征討，同時也獲得了富庶江南地區的資源，滿足王朝的實際需要。

正是這種在政治上與經濟上的利益，隋煬帝登基之後，就不惜動員空前巨大的人力、物力下令開鑿大運河。大業元年（公元六〇五年）隋煬帝徵發民工三百六十萬人，分三段同時進行開鑿運河的偉大工程。

第一段自洛陽到淮河邊的泗州，稱——通濟渠。

第二段自淮河到山陽（今江蘇淮安）稱——永濟渠。

第三段疏濬和擴大邗溝至江都稱——山陽瀆。

大業四年（公元六〇八年）再加徵民工一百餘萬開通黃河與涿郡間的河道。

大業六年（公元六一〇年）又引長江之水從京口（今江蘇鎮江）直達錢塘江邊的餘杭（今浙江杭州）。

前後用了整整六年時間，流經南北貫穿四省的大運河得以貫通，與修築萬里長城一樣，古代中國人民在開鑿運河的艱苦勞役中，付出了非常重大的代價和犧牲。當年開鑿通濟渠時，工程才完成三分之一而開挖的民工，三百六十萬就減損了一百五十餘萬，依據史籍上的記載「死屍滿野」就可知道當時工程之困難了。

開鑿永濟渠時，為了補充男丁勞力的不足，又必須趕上工程的進度，還將婦女抓來頂替勞務，使工程得以順利進行。

為了如此浩大的工程，多少家庭因而破碎、多少夫妻因而離散，那種家破人亡、妻離子散、家家戶戶破碎的慘痛情形真是難以想像。

最後終於在強大皇權專制的壓力下，這貫通南北，串連海河，黃河、淮河、長江和錢塘江五大水系的大運河得以非常艱辛的完成。

繼隋以後的唐、五代、宋、金等朝代七百多年，為維護的統治政權的正常運作，運河都發揮了相當的功能。到了十三世紀，元世祖忽必烈統一中國，定京大都（今北平），中國的政治、軍事中心由洛陽、長安、開封移到了北方，舊有橫向的運河系統，已不能適應新王朝的需要。為了連接南方江淮富庶地區，元朝繼隋之後又一次大規模的開鑿運河。

從公元一二八三到一二九二，九年間元朝開鑿了三段河道，從大都南下可直達杭州，南北縱向的大運河得以完全貫通。

四、世界最大的運河工程

從公元前四八六年開鑿「邗溝」算起，中國古運河已有二千五百年的歷史，較之歐州一八三二年在瑞士不過五十公里的果達運河，與一八六九年完成一百七十三公里的蘇彝士運河及南北美州間長八十二公里的巴拿馬運河。但無論從開鑿的歷史及河道的長度來看，中國的古運河都是世界運河之最，其長度是貫通歐亞蘇彝士運河的數十倍之多。

在機器還沒應用到交通的年代，陸路靠步行，馬匹及馱獸其運量不但有限而耗費甚大，辛勞更甚。而水路則以船隻木筏或竹筏，其中船隻的載重是最適於遠程運輸的，既便利又經濟。中國的江河大都是由西向東流的，所以東西間水路交通比較發達，直到大運河開鑿後，南北水流的運輸，在五大水系間得以暢行無阻，於是所有貨品得以暢其流。大大地促進了南北地區經濟與文化的交流與發展。

幾千年以來，大家公認黃河流域是中華民族發展領先長江流域，但籍著大運河連續到南方，使長江流域後來居上，更由於航運的暢通，沿運河出現了，北京、天津、滄州、德州、臨清、濟寧、准安、揚州、鎮江、常州、無錫、蘇州、嘉興、杭州等諸多商業繁榮，文化發達人口眾多的城市。

同時大運河也是中國與外國交往的重要孔道，其沿岸的天津、揚州、杭州在歷史上都是對外非常重要通商口岸。由此開拓了通往世界的海上貿易。

逝者如斯夫，不舍晝夜，如今古老的大運河，依然汩汩流淌，對緊鄰的地區航運、灌溉和排洪、排澇，仍有巨大的功能與作用，仍然可造福居住於兩岸的廣大的人民呢！（傅崇蘭先生一九八五年出版的中國運河城市發展史一書有非常詳細的敘述。）

五、水上的道路——漕運

中國原是一個地大物博，自古以來，便以農業立國的國家。既以農業立國，自然與水利有莫大的關係。上古之世，我們的歷史，就歌頌最初開闢水利的聖王大禹與開都江堰的李冰父子。

黃河為中國水利的大動脈之一。但自夏代至民國廿五年間，總計溢水為患，達一千五百七十五次之多。史稱自唐堯八十年至周定王五年，禹開黃河凡歷一六七七年，史籍可考者，溢河僅六次，河徙一次。平均唐代每九年決溢一次。宋代每三年一次。元明兩代每二年一次。清光緒至民國廿五年，歷時六十三年，決溢凡五十九之多。天災人禍的難平，對國家社會無福利事功的可言，這便是儒者之恥。宋明以來的儒家理學家們，大多都以事功的目標，針對農田和水利。而且在近百年前，國內的交通，當然不及現在的發達。所靠運輸交通的動脈，自然必須注重河運。既有河運，就需船隻，又須人力來駕駛。歲月累積，航運船夫，就自然趨向變為另一特殊社會組織，這是人類社會動態演變的必然結果。並無什麼奇特。以漕運為主青幫的社會，就在這樣需要中產生，也是很自然的事。

不過在他們的組織當中，加入一班學者。身懷亡國之痛的仁人志士，把傳統文化的忠義精神，和身心修養，以及出世的思想，滲參進到幫會裏去，這倒是一件值得大書特寫的事。可惜我們過去的歷史學者，往往從傳統史家的觀點，仍然把他們摒棄不論，或論而鄙視之，無奈太不公道。除了從反清復國的立場，追述它的事跡以外。平實說來，他們最初的淵源，也祇不過是運河漕運的一種當然結合。為什不說這種結合，便是等同西洋的社會組織呢？

因為它和西洋的社會與組織兩個學名，是大為不同的。它具有中國傳統文化儒、釋、道三家的精神。他們處事對人，但以孝、義、誠、信為核心價值，不以利益作指標。而在個人方面，始終歸向出世，薄視功名。但又不絕對迷信偏重那一個宗教。與其說是社會的組織，毋寧說是墨家俠義精神的結合，較為準確。

中國的河道運輸，大自黃河、長江等外。橫貫南北的交通和水利，當然要以運河為最重要。過去歷史的事實，如果運河的漕運斷絕，想要坐鎮北平大有問題。所以對這一路的河道運輸，它的重要價值，就可想而知了。自明朝亡國，滿清入關以後，一般有志復國之士，便以忠孝俠義作號召，結合這一路的水上男兒，的確是用心良苦，蓄志甚深。

六、漕運的源起與貢獻

青幫在運河水路運輸的社會形態，就今而言即為水運公會已達百年之久，也可以說甚為稀有。現在根據史料，記述幫會社會勢力所及的範圍，就可看到他們在清廷雍乾年間，潛在的社會力量，是如何的浩大。漕運，便是水道運輸糧食的總稱。由水道運轂置於京師，或供應軍旅，成分儲倉廠，都叫作漕運。明、清之間，漕運成為專指運河的糧食而言。

運河有廣狹的兩種意義。狹義的運河，自北起北平，南迄杭州，縱貫冀、魯、蘇、浙四省的南北運河。這條河道，當初起於春秋時代的吳開邗溝開始。以後歷隋、唐、元、明、清，到了康熙時代，才開出中河而大成。由春秋以至秦、漢、南北朝之間，運道多出於黃河為主，故統稱為河運。

自隋朝以來，開鑿廣通，通濟，永濟諸渠，漕運的水道，便由此開通。唐、宋時代，行使綱運的制度，已經大備。

當元朝定都在北京的時代，糧食的重要來源，還須靠東南各省。所以北有通會河，南有會通河，都創始於元代。但是那時河道初開，岸挾水淺，不能負重，還是靠河海並運，水陸兼通的。每年由運河所運的糧食，不過十萬石左右。所謂漕運的制度，根本還未完備。明代自永樂九年以後，因元人的舊制，更加疏濬，就此浮江陟淮。沂河逾北，以達漳衛。清廷鑒於元明的故事，便增大它的制度，每年運入北京的糧食，有數百萬石之多。山東、河南、淮北的運輸，都另有道路可以到達北京。凡由長江入淮的幾個省分，都以揚州為咽喉。浙西一路，經由瓜州到達揚州。復由揚州經高郵，寶應以達淮安，共計約三百餘華里。淮安以西，便是明代平江陳瑄所開的清江浦。復由清江浦入淮，再轉折向北，便為清口以上淮河、黃河會合之地。此處由清口渡黃河，歷清河，宿遷而達邳州的泇口，共計約有二百餘華里。便是康熙時代開的中河和皂河。自泇口過黃林莊，經山東台莊入閘，過徽山湖而抵江南沛縣的夏鎮，便是明代河臣李化龍所開的泇河。自夏鎮經獨山，照陽諸湖而抵山東魚台縣的南陽湖，共計約一百一十二華里，便是明代朱衡所開的新河。自南陽入濟寧州，經南旺湖分水過東昌而抵臨清州，共計約五百華里，便是元代所開的會通河復由臨清歷武城、夏津、德州入河北的景州吳橋，東光寧津而抵天津，共計約一千餘華里，便是衛灣。由此自天津經直沽河西塢而至福州的張家灣，共計約二百里，便是白河。復由張家灣入大通河，歷普濟、平津、慶豐諸閘，到達通橋而抵北京，就是漕運歸到京倉的道路。也就是青幫運河勢力所及的範圍。至於漕運全程所及的運河，歷代都靠人力所開引，所以沿途都藉別的水道來灌注。例如自瓜儀到淮安一段，就靠南面的高郵、寶應的諸湖之水，以及西面清口所入的淮安。自濟寧到臨清，就靠汶河與兗沂諸泉水。但每逢水勢過盛，便有衝決之虞，水淺又防運輸的滯阻。

歷代的河官督勤，開引河以暢其流，築堤壩備其衝洩，設閘板以慎重其收放，都須備盡經營籌劃的能事。在這中間，功成名就，就歸之於漕臣。實際在暗中出力的，就有不少的無名英雄。例如永樂時期，幫助潘正叔濬河成功的，乃由汶上老人白英之計。雍正時期青幫的首領翁、錢、潘三位，以及他們的徒弟們，便有其中的主力。

黃河發源於青海巴顏喀拉山東麓葛達蘇齊老峰，經甘、寧、綏、晉、陝、豫、冀、魯等九省，凡九折而入海。淮河發源於桐柏山脈，歷隸州、泗水，也過淮安而入海。清口，便是淮、黃交匯的地方。洪澤湖，便是唯水瀦匯的大澤。淮水通長江，便為水上漕運的道路。遠自春秋吳城邗溝開始，在淮安的西南隅，便築有高家堰。漢代陳登，始開沙河以避其險勢。自宋代漕臣劉婚開始，以及明代的陳瑄，便因沙河的舊道，便利引入運輸的船隻，就設閘以司啟閉。這事完成在永樂十四年間。由江入淮，設河口閘，新莊閘（即天妃閘）。自新莊而東，因其高卑起伏，遞為福興、清江、移風等閘。到了嘉靖年間，便廢新莊閘。改置通濟閘於三里。萬曆年間，開草河灣以緩清口要衝，並立閘板。清代又改築高家堰，起自新莊至越城，全長一萬八千七百餘丈。於是堰域淮水，復由清口會黃河而入海。又遷通濟閘於甘羅城南，改福興閘於壽廠適中之處。於天妃閘內開新河，自府南至武城，叫作永濟河，置閘以備清江浦的衝險，乃使黃河安流而不衝決。有清一代，關於淮河的水利交通的福利，大多就得力於地方人士自力的建設，與青幫的努力。清末民初，乃然享受它的餘蔭，開壩禁馳鬆懈，反遠不如其初矣。

當雍正乾隆時代，以及滿清中葉期間，青幫負擔漕運的水程，所謂南北通漕，乃專指南起浙江，北至北京的一路。由通州至運河，水程約計二千五百餘華里。中程水勢順逆不同，河名也不一律。例如由杭州到常州、鎮江等處，逆流上水行舟的一路，便名為江南河。過江至瓜州，接通淮河，逆水上流，便名為漕河。由台莊至號莊，便是東閘，水勢逆河上流。轉莊而至南旺，也是逆而上流。下南旺便為臨清，此處乃順流而下，都為閘河。出臨清至天津，也是順流而下，便為衛河。由天津而到北通州，仍是逆流而上，便名為北運河。其餘如黄河、長江水路等等，便非青幫直接勢力所及的範圍了。

通常以江蘇省的江都縣至淮安的運河，專稱為運河。清初將山東、河南、江蘇、安徽、浙江、湖北、湖南、奉天等省，徵集的白米，轉輸運送北京，謂之漕糧。清廷中葉以後，改為兑運，折徵等法。道光時，河道淺阻，便改河海並用。同治以後，漸用輪船海運，僅於江蘇、浙江兩省，徵集白米百萬石。其他各省，多以銀來折兑，漕運就漸漸為之衰落，祇江蘇、浙江兩省，還存有舊規。光緒年間才總廢了。

七、清代以前之漕運

歷代漕運之沿革

三代有貢道，而無漕運。漕運之說，起於漢。漢高祖統一天下之後，漕運山東之粟以給中都，每年不過數十萬石，其後至漢武帝時，最多曾歲輸六百萬石。三國時代，江南因孫吳的開發，已漸受北方人士的注意。至南北朝時，北方由於五胡的侵擾，遂有大批移民向南方遷徙。這些移民使得人口稀少的南方，無形中增加了大量的人工，江南廣大肥沃的土地，經過他們的開墾，已漸掌握了全國的經濟。

隋代立國雖短，但對於運道之興闢，居功甚偉，通濟渠、邛溝、江南河之開鑿，使漕運系統大為完備，故著大學衍義補之邱濬，評論煬帝之大運河謂：

「臣按隋雖無道，然開此三渠，以通天下漕。雖一時役重民苦，然百世之後，賴以通濟。」

唐建都長安，而關中號稱沃野，然其土地狹小，所出不足以給京師，故常轉漕東南之粟。在唐初，高祖、大宗時代，中央政府組織較簡，唐代的府兵制又是兵農合一自備糧餉，故每年只由江淮輸入一、二十萬石之米便夠。高宗（六五〇——六八三）以後，一方面政府組織擴大，另一方面由於府兵制變為募兵制，冗官冗兵增多，使漕運數目大為增加。玄宗開元時，裴耀卿請於河口至武牢倉，鞏縣置洛口倉，使江南之舟，不入黃河，黃河之舟，不入洛口。而由河陽、柏崖、永豐、渭南諸倉，節節轉運，水通則舟行，水淺則儲倉以待，渭之轉般法。自裴耀卿對漕運改革以後，在天寶初年，又經過陝州刺史韋堅的經營，漕運之制大備。因此由江淮經運河北上的物資，不須像以前先集中洛洋，而可以一直運抵關中。這樣一來，無形中使江淮成為這個軍事、政治中心的經濟基礎。軍事中心與經濟重心密切連繫的結果，唐帝國因而大盛。

天寶十四載（七五五），安史之亂發生，關東之地盡為安祿山所佔，運道為之阻塞。雖會由漢水代運，但亦無功。及安史亂後，劉晏就任轉運史，對漕運大加改革，以江、汴、河、渭水力不同，分別置倉，節節轉運。使江南之漕運積揚州，汴河之漕運積河陰，河船之漕運積渭口，渭船之漕運積太倉。漕運一時大為暢通。可是劉晏時大代每年由運河運往關中之米數，確只有裴耀卿時代的六分之一，韋堅時代的十分之一。代德以後，唐代藩鎮之禍日形嚴重。各藩鎮領兵自重，割據一方，漕運為之阻絕。江南漕糧既難轉運，帝國的政治重心與經濟重心無法連繫，唐室因之日衰。

宋太祖實施中央集權政策，集重兵於中央，故建都於運河北段的汴州以便漕運江淮的米糧。宋初漕運，亦行唐代之轉般法，江船不入汴，汴船亦不涉江。舟卒得以番休，漕運制度又告恢復。太平興國元年（九七六）歲輸五百五十萬石之多，至大中祥符時，則增至七百萬石。

可是到徽宗崇寧時，蔡京為相，用胡師文為發運使，一面大量收刮漕運以供京師的浪費，一面又以漕船轉送花之石綱。於是各地本來充實的漕倉，為之空虛，漕船亦日漸廢棄。崇寧三年（一一〇四），徽宗又依戶部尚書曾廣孝之建議，廢轉般法，令各地歲漕分六路直送京師，號為直達綱。這樣一來，江汴之舟混雜，長途挽運，使舟足有終身不還其家而老死河路者，漕運制度因而大壞。

南宋以來，國都南移，因距產糧之地較近，無需長途轉運，漕運制度又恢復常態。

元人入主中國以後，建都燕京，離江甚遠。而百官庶府之俸給，衛士編民之糧餉，無不仰給於江南。至元十九年（一二八二），丞相伯顏獻海運之策，元世祖允其請，並令羅壁、朱清、張瑄造船初行海運。由於航路不熟及風信失時，次年始抵京師，運糧只四萬六千餘石。可是此後海運不短斷施行，航路較熟，監督海運的機構也逐漸成立，海運的數目最多增至三百餘萬石。

元於海運之外，亦行河運，但其數量甚微，歲運不過數萬石。

元末，天下大亂，群雄並起，江浙一代富庶之區，相繼為方國珍、張士誠所據，海道為之中斷。元室為解救經濟的困難，曾不斷出兵討伐，終歸無功。最後還是以招撫政策，使他們歸附。因此員代還可以從他們手中徵得一些糧餉。然其數目並不多，從順帝至正十九年（一三四一）海運三百八十餘萬石，差得很遠。迨江浙為朱元璋迻所據以後，海運斷絕，元室遂無法穫得江南的糧食，元帝國亦因之不保。

我們如果把宋、元兩代立國的情形比較一下，可以知道：宋雖多年積弱不振，卻能享國三百多年，且能抵抗武力極強的蒙古大軍數十年之久；元朝武功雖盛，但立國時期既短，滅亡亦速，推原其故，元以異族入主中國，與其亡國之速不無影響。可是宋代能夠把軍事、政治與經濟的基礎互相密切配合，而元人建國距離經濟重心太遠，又無法建立良好的漕運系統，故其政治、軍事與經濟的難以密切配合，為其亡國之速的重要原因。所以明太祖認識江南經濟的種要。就把國都建立在金陵，以免千里轉運之勞。至於成祖為了政治、軍事的因素，遷都北京，但他卻建立一健全的漕運制度來轉運江南的漕運糧。所以明代漕運制度之確立，成祖之功實不可沒。

歷代漕運之沿革

一、海運期：

明太祖統一天下，建都今陵，四方貢賦由長江以達京師，距離既近又易於運輸。每年祇需供應少量的糧食，來維持北方幾個軍事地區的需要。因為經過元末以來的兵亂，運河已漸淤塞，不得不以海運來輸送這些軍糧。當時的海道，常受倭寇的侵擾，並不安全，然運送的數量不大，最多只有洪武十八年（一三八五）的七十五萬的二千二百石而已，所以在運輸上還不感到太大的困難。可是在洪武三十年（一三九七），太祖卻下令廢止海運，並不是因為倭寇的侵擾，而是因為海運有漂沒有溺死的損害，太祖早就加緊推行屯田政策，等到洪武三十年，遼東屯田有了成就，可以自給自足，因此他下令停止海運。所以洪武三十年起，到永樂元年止，不必耗太大的勞力來轉運東南的漕糧，國家遂漸漸走上安定之途。

二、海運路運並用期

明代的漕運，自永樂以迄明末，大體因仍舊道，但海運亦時行時輟，並未全廢。成化二十三年（一四八七），侍郎邱濬曾請海運與河漕並行，未為憲宗所納。弘治六年（一四九三）夏天，黃河大決於張秋；這是黃河有始以來六次大遷徙的第五次。從此運河淤涸，南北運道不通。於是天下沸騰，也有人主張河不必治，而應恢復海運。孝宗不為所動，以劉大夏為副都御史，治張秋決河，七年十二月，劉大夏把張秋決口堵塞起來，並改張秋為安平鎮，南北運道復通，漕運如故。

但這條南北運河卻要靠時常變故的黃河來轉運。而明代又是黃河氾濫次數最多的時期。計自夏禹至民國二十五年（一九三六）四百二十二次溢洪中，明代就佔了一百三十八次之多。因此恢復海運的言論，從孝宗以後就紛紛的提出，但都未實現，穆宗隆慶時，給事中宗良佐提出一個消極的計劃，主張先恢復遮洋總達蘇州的海運，然後再想辦法恢復由江淮至北京的海運。這個建議後來被戶部所採納。因為遮洋總往蘇州的海道，是由天津出海轉輸蘇州。至跌坡上。別以大船載入黃河至陽武、新鄉、八柳樹等處，陸運入衛河，轉輸北京。然路運糧米的數量無法供應政府的需要，因為明代政治重心的北移，一方面除了要支持北方的建設及政治的需要外，另一方面還得供應軍事上的消費，糧食的供應量自當急激的增加。所以永樂元年，成祖又命平江伯陳瑄監督海運，從海門北至鹽城，設列墩堠以識漕途，抵直沽後用小船轉至京。在此海路並運之下，漕運的數量由永樂七年（一四〇九）的一百八十幾萬石，增至永樂十二年（一四一五）的二百四十餘萬石。

漕運的數量雖然增加，但成祖對北方的軍事行動也相對的增大。在此情形之下，成祖不得不另循他途以解決此項經濟的需求。會通河就因此重新加以疏濬而成，使明代的漕運進入一個新的階段。

三、河運期

會通河是元世祖時代開鑿的河道。當時這條河道岸狹水淺，不利於通漕。所以元代南北的轉運工作，始終以海運為主。洪武二十四年，黃河在原武決口，會通河遂被淤塞。明成祖時，感到海陸兼運還不能滿足北方的需要，這條淤積的會通河，遂漸被重視。永樂九年（一四一一）二月，成祖用濟寧州同知潘叔正的建議，命工部尚書宋禮等役丁夫十六萬五千人，疏會通河故道。當年六月大功告成，從濟寧至臨清三百八十五公里皆可通行。這樣一來，從江淮北上的漕糧，不必繞道而行，可由會通河直抵衛河，再經白河直達北京。因此在永樂九年六月，把海運改為三年兩運。

會通河疏通後、海運並未廢棄，因為漕船在淮安仍須經過盤壩輓運的困難，才能進入淮河。所以在永樂十三年（一四一五），平江伯陳瑄又請開清江浦河道，由管家湖導水至鴨陳口入沙河達淮。南北水道，纔得暢通無阻，乃罷海運。明代漕糧從此全由河道運送。這一條貫通南北的運道，能以江南的糧米，供應北方的軍事、國防的需要，自然成為國家的命脈。明代的興替存亡，運河是一個重要的因素。

明代河運的運漕方法，有支運，支運兌運並用及改兌三種。

隆慶五年（一五七一），山東巡撫梁夢龍又極力主張海運，穆宗依其議，撥漕糧十二萬石試行。六年，令王宗沐都漕，由淮入海北駛。但是到萬曆元年（一五七三）抵天津時，漕糧漂失數千石，軍丁溺死十五人，廷臣紛論其弊，於是又罷海運。

除了這條由淮制津的運道之外，在穆宗時又有人提出開膠萊河是山東半島上分向南北兩流入海的河道。

主張開膠萊河的人認為若把這條南北河流鑿通，由南往北的海道從此通過，可必免山東半島東端成山角艱難的海運路程。穆宗乃先派遣給事中胡價前往勘察是否可行。胡價勘察的結果，提出種種理由反對，並曰：

「勿使今人既誤。而復後人誤後人也」。

除胡價之外，王宗沐、梁夢龍亦相繼反對開膠萊河，因此這項計劃，終成泡影。

海運既不可行。膠萊運河亦不可開，明代漕運只得仍由不時氾濫的運河來轉運。又自萬曆末期以後，清人起於東北，為支持對東北用兵的需要，使這條運河更增加了不少的負擔。萬曆四十八年（一六二〇）運抵京通二倉的糧米祇有二百六十三萬一千三百四十一石。天啟元年（一六二一），又減為二百四十七萬四千七百二十三石。就當時遼東的戰爭來說，每年的軍餉就要花八萬兩之多。在此情行下，明室的經濟已感到十分困難。天起二年，山東白教徐鴻儒反，運河遂告中斷。明室無法，祇有折留改撥，想辦法輾轉兌運。所以在天啟三年，運至京通二倉的漕糧，乃有二百六十八萬八千九百二十八石。

思宗即位，力圖振作，無時不想改革先朝積下的弊病，對於南北運道更想加以恢復。崇禎十二年（一六三九），中書舍人沈廷揚復陳海運之便，思宗令造海舟試行。明年六月，沈廷揚乘二舟載米數百石，由淮安出海，十日抵天津，這次試行成功，給思宗增加不少的希望，遂以廷揚為戶部中郎，命往登州計劃海運。可是明代國已到無可救藥的地部，想建立大規模的海運，已辦不到了。崇禎十七年（一六四四）李自成陷北京，

八、清代漕運的重建

清代的漕糧，大多來自直隸、山東、河南、江蘇、浙江、江西、湖廣、（湖南、湖北）等七省，幾及全國最富庶之地。因此清政府不得不建立一健全的管理系統，來轉運各地的漕糧。這些官吏的設置，並非在一朝一夕所建立的。有的是沿襲明代而來，有的是因時代需要而增減。所以其組織及名額並不固定，然大體來說，其形式上是沒有多大的改變。下面簡單的敘述漕運的官弁其職掌：

一、漕運總都：

清初設立漕運總都一員，駐紮淮安。凡「僉選運弁、修造漕船、派發全單、兌運開幫、過淮盤掣、催趲重建、查驗回空、覈勘漂沒、督追漕欠並隨漕清齎行月等項錢糧，皆其專責」。有漕糧之直隸、山東、河南、江蘇、浙江、江西、湖廣七省文武官員，經理漕務者，皆受其管轄。如州縣印糧官吏及漕運官吏，有折乾盜賣，及各衙門胥役需索官丁，或漕蠹倉棍把持兌運事物與沿河文武官員催趲不力，違悟漕務者，皆得拏問參究。

二、巡漕御史：

順治初年，設有巡視南漕御史一員，駐鎮江料理漕務，順治十四年，（一六五七）裁去。雍正七年（一七二九）又設巡漕御史二員，不拘滿漢。每年二月初派往淮安，巡視南漕事務，稽查各地官吏之額外需索、旗丁夾帶私鹽及違禁物品、沿途光棍勾通催漕弁丁勒索、縴夫加價分肥等弊。順治初年，亦設有巡視北漕御史一員，兼理倉糧事務。康熙七年（一六六八）撤去。雍正七年，附設巡漕御史二員，不拘滿漢。於每年三四月內派往通州，監理北漕事務。糧船抵通後，稽查各衙門官吏及經紀車戶等，向旗丁額外需索陋規。因此至雍正七年以後，已有四名巡漕御史，及至乾隆二年（一七三七）又將四名巡漕御史，以一員駐劄淮安，巡察江南江口起至山東交境止。一員駐紮通州，巡察山東台莊起至北直交境止。一員駐紮天津，巡視至山東交境止，後來通州巡漕御史又增至四人，天津巡漕御史亦廢去，然不久又恢復原來的數目。

三、糧道：

舊制設有漕儲道一員，總轄各省漕務。設糧道一員，分理各省漕務，順治十年（一六五三），裁去漕儲道，在江南、江北、浙江、江西每處添增設糧道一員。順治十五年（一六五八）又將新添糧道四員裁去，復設漕儲道。康熙四年（一六六五）又將漕儲道裁撤，各省漕務專責糧道管理。因此遂在山東、河南、蘇松、浙江、江西、湖北、湖南等地各設糧道一員。其中河南糧道在康熙二十二年（一六八三），因河南全省漕糧改折，裁量道官。二十九年（一六九〇），又徵本色，遂以開歸鹽驛道兼理糧道事務。糧道的職掌為管理各省糧儲，統轄有司軍衛，遴選領運隨帶各官，責令各府官員運弁僉選殷時旗丁成造新船，修葺舊艘。此外又得督催州縣開徵漕白二糧、按期收發隨漕輕齎、席木、行月、廩工、耗贈等項錢糧，並嚴禁倉棍把持，蠹役包攬、攙和糠秕等弊。因此糧道的職掌，從漕糧的徵收至交兌止，幾乎無所不包。以一省一個糧道的組織，要求管理如此煩瑣的漕運，其各種弊端的發生，已可預見。

四、兼兌官：

向來漕糧由推官監兌，凡米色的美惡，兌運的遲延及運軍橫肆苛求、衙役需索、姦蠹包攬攙和等弊，皆責令監兌官嚴行禁戢。康熙七年（一六六八）裁去推官。監兌之職，遂由各省同知通判負責。監兌官人數，依各省的需要而定；山東六人、河南三人、江南十五人、浙江、江西、湖南各三人，湖北六人。雍正七年（一七二九）又規定，漕糧開兌時監兌官應親至水次，驗明米色純潔，面交於押運官。糧船開行後，仍令親押到淮。如有糧數不足、米色不純，照溺職例議處。

五、十三運總：

明代設山東、遮洋、上元、石城、上江、下江、鳳陽、淮大、場州、浙江、浙西、江西、湖廣等十三把總，總理軍衛儹護漕船，督押回空，名為運總，皆為世職。順至三年（一六四六），各衛改設守備千百總。因把總職銜太小，不便約束提調，遂改運總為都司僉書。順治十二年（一六五五），裁撤十三運總，此後遂不復置。

六、押運官：

明代各省船糧係由糧道運抵通。順治十六年（一六五九），以糧道總理運務，不能分身抵通，除山東、河南路近，仍舊由糧道押運外，其他如江浙各省糧道，止令督押到淮，盤驗後即?本省。而另設通判專司督押，管束運軍，以杜沿途浸盜攙和等弊。康熙三十四年（一六九五），以通判官微職小，不能談壓，復令各省糧道輪流押運。三十五年又改由通判押運。通判數額，亦由各省的需要而不同：山東一人，河南一人，江南七人，浙江三人，江西二人，湖北、湖南各一人。

七、領運官：

領運官由衛所守備及千總擔任，其職責在幫助押運官押運漕糧。如各衛所守備千總出運漕糧，其衛所查審事件，軍政考覈，經手錢漕新舊交代事等，均由知府轉報。直隸設千總四人，領河南漕務。山東守備一人，千總三十六人，內領河南運務四人，薊運四人。江南守備八人，千總九十六人，其中領河南運務四人。浙江守備二人，千總十八人。江西守備二人，千總二十五人。湖廣千總二十二人。此外又在蘇、松、常三府設白糧千總六人，在浙江設白糧千總四人。每幫又設武?一人，隨幫效力。

八、催儹官：

催儹官並無特定的名額。康熙元年（一六六二）規定，凡淮北、淮南沿河鎮道將領等官，均有趲重催空之責。勿使漕船停滯，以免運丁盜賣、走私及登岸生事。漕船自淮安起至天津止，計程二千三百五十餘里，沿途汛地皆有時間限制。每當漕船受兌開幫以後，巡撫給以限單填明開行日期，命令沿河州縣填註入境出境時日，俟漕船抵淮後，將限單繳漕運總督查驗。過淮以後，總漕亦給以限單。將經過州縣原定限日，刊日單內，飭令沿河州縣註明出境入境日期，待糧船抵通，將限單繳倉場查驗。如原限半日而違限一時，原限一日而違限兩時，原限一日半而違限三時，原限兩日而違限半日，原限四日以上而違限一日，原限六日以上而違限一日半，原限十二日而違限兩日者，催儹官罰俸一年，督催上司罰俸半年。如違限之期與原限之期相等，專催官降二級調用，督催上司降一級調用。

以上各官，除催儹官外，漕運總督、巡漕御史、糧道、監兌官、十三運總、押運官、領運官等，皆專為管理漕運而設。此外如各省總督、巡撫、河道總督、倉場侍郎、各州縣官等，亦有督漕的責任。如把以上各漕運官吏列成一表，其關係可得如下：

督撫—糧道—州縣官（徵收官）—農民

漕督═糧道═同知通判（押運官）
- 糧道—同知通判（監兌官）—（幫）
- 糧道—衛所—守備千總（領運官）—旗丁
- 漕督—沿河地方官（催儹官）

其實所謂的糧道、監兌官、押運官、領運官。性質皆相近，職權亦無多大差異。祇要組織健全，根本不必有如此複雜的組織。這幾種職權相似官吏的形成，主要原因有二：

㈠因為運丁及水手素質不良的結果，遂引起層層的剝削。領運官之設就是為了要防止運丁及水手沿途盜賣及參雜灰土等弊。後來領運官經不起運丁及水手的利誘，開始同流合汙。政府又不得不設押運官級監兌官來監視。押運官、監兌官和運丁、水手及領運官弁長期接觸的結果，又開始發生流弊，因此又有糧道之設。歸究其因，皆為運丁及水手素質不良而起。

㈡漕督、巡撫及河道各官，為報酬其屬原之奔競，遂假公濟私，借漕運官吏之不足，以納其屬員。這樣一來，漕運冗官愈來愈多，到後來遂有一缺兩官之事，故包世臣曰：

「各衛有本幫千總領運足矣，而一缺兩官，間年輪運。漕臣每遂委本幫官為押重，又別委候補一人為押空。每省有糧道督押足矣，又別委用通為總運。沿途有地方文武催儹足矣，又有漕委撫委河委，自瓜洲以抵天津，不下數百員。個上司明知此等差委無濟公事，然不得不借幫丁之脂膏，以酬屬員之奔競，且為保舉私人之地」。

所以在乾隆時，王芑孫曾提出裁撤衛所守備千總之領運官，甚至認為漕運總督亦應撤去。其言曰：

「於是則衛官可裁矣！衛守備、衛千總猶之營守備營千總也，今以不堪營用者，畀之衛職，其人自知升進無階，聊復蝨於其間，寄衣食焉，徵糧理訟，小分州縣之權，裘帶肩輿，略無騎射之責。……天下冗官無過於是，省其職而並之州縣也。……於是而漕督可省矣！漕務綿亙七省，漕督一人，僅駐一處。呼應既有不靈，稽查亦所難偏，居恒坐嘯，雖賢者無自由異。及其出運，鞭長莫及，故又佐之以巡漕。名為漕所總匯，其實下無不由於州縣，上無不歸於督撫。漕之誤與不誤，督撫州縣總漕無能為也。督撫州縣皆非誤漕之人，總漕一官，設可也，不設可也」。

清例，對於各漕運督臣之處分，亦相當嚴厲。順治十年（一六五三）規定，各項糧道經營漕糧，十分完全者，加升一級。欠一分者，罰俸一年。如再運糧又挂欠一分者，降一級調用。欠二分者，降二級調用，欠三分者革職。各監兌官收兌漕糧，其中夾有沙土者，監兌官降一級調用，押運官革職。康熙五十一年（一七一二）又訂，各省押運同知通判，一次無欠者加一級，二次無欠者加二級，三次無欠者，不論俸滿即升。一次挂欠者，降一級留任。二次挂欠者，降二級留任。三次挂欠者，降三級調用。仍將挂欠之米分陪。而且辦理漕事，人人皆感困難，故包世臣曰：「河漕鹽三事，非天下之大正也，又非政之難舉者也。而人人以為大，人人以為難，余是以不能已於言也，漕難於鹽，河南於漕」。

再加以漕糧的徵收，除雍正、乾隆時代，因天下太平，經濟繁榮，可以辦全漕之外，幾乎很少能完納全漕。慕天顏曾言：

「無一官曾經徵足，無一縣可以全完，無一歲偶能即額」。

既然辦理漕務如此困難，政府處罰又嚴，並且又「無一官曾經徵足」，那麼這些官吏豈不經常遭受處罰？然事實上並不如此，這點魏源在其古微堂內外集中說得很清楚：

「然而每年不致誤漕者何哉？則報災為之也。每幫費加一次，則漕米減收一次。緣州縣收漕，折色不能與之俱加，不得不聽小民籲求報災，以數分緩漕之米貼補數分浮折之米。於是每大縣額漕十萬石者，止可辦六萬石。是以連歲豐收，而全漕決不敢辦」。

清代例令雖嚴，但各地如有水旱災荒，政府亦不得不酌量減收漕量。後來州縣遂用此種報災方法，以免遭受未辦全漕的處分，甚至在豐收時，亦不敢完納全漕。此外又有一種逃避處分的方法。在康熙三十五年（一六九六）規定，各省漕項錢糧在十月開徵，隔年三月奏銷。也就是說漕糧要兩年後再湊銷，如過兩年而州縣官吏離任他處者，則又可免處分，因此各州縣幾無二載不調之缺。

各州縣官之任務在負責徵收漕糧，為漕運中甚為重要之一環。而其變換如此頻繁，新任州縣官有時未免不諳各地漕務。運丁之需索與包戶之抗糧。已無法避免。漕運制度之敗壞，與此關係甚大。

漕糧之徵收

漕糧依徵收種類來分，有米、麥、粟、豆等項。依米色來分，有漕米及白糧之別。漕米指一般繳納的糧米，白糧則指江蘇省蘇、松、常、太三府一州及浙江省嘉、湖二府歲輸內務府之糯米，以供上用及百官廩祿之需。員額白糧政米二十一萬七千四百七十二石，後減至五萬餘石。

清代漕糧的徵收，仍因明制，有正兌、改兌、改徵等名目。下面分別說明其徵收情形：

一、正兌：

順治二年（一六四五），戶步奏訂，每歲額徵漕糧四百萬石，凡漕糧運京倉者為正兌米。正兌米原額三百三十萬石，其中江南一百五十萬石、浙江六十萬石、江西四十萬石、湖廣二十五萬石、山東二十萬石，河南二十七萬石。此為順治初年所訂各省之漕糧數額，其後頗有更改。

正兌米由各糧地運至京倉時，有正耗米作為京通各倉耗米及沿途折耗之用。正耗米依路途之遠近，有多有少。

以上之耗米，並非每個省份皆如此，例如河南省開封府屬祥符，陳留、通許等州縣，位置偏南，故其正兌米每石加耗四斗四升。而江南省之鳳陽、淮安、揚州各府屬，每石則耗米五斗六升。所謂輕齎，就是從正耗米中，隨船作耗，給運丁及交倉以後剩餘的米數，每升折銀五分，解交倉場通濟庫。如山東省徵耗米一斗六升，謂之一六輕齎。江南二斗六升，謂之二六輕齋。江西、浙江、湖廣三斗六升，謂之三六輕齋。輕齋銀照例應先漕糧解送通州，以濟運務。

除耗米之外，又有所謂贈貼耗米。在明代時，各省漕糧係軍民交兌，運軍需索，多為民累。後改為官收官兌，因此酌定贈貼，隨漕徵給。漕貼名目各省不同，在江南謂之漕贈，浙江謂之漕截，江西、湖廣為之貼運，山東、河南謂之潤耗。贈貼額，山東、河南及江安糧道所屬，每米百石，徵給銀五兩，米五石。蘇松糧道所屬，每米百石，徵銀十兩，米五名。浙江每石徵銀三錢四分七釐，江西每石徵銀三分，徵米三升。

此外，又有所謂隨漕蓆木板竹、亶羨銀、廳食茶果銀、官軍行月錢糧等名目，隨漕蓆木板竹就是隨正改兌米所之蘆蓆、楞木、松板、竹桿等物品，已備倉場之用。如折徵之地，則改徵銀兩。亶羨銀為亶夫羨餘銀之簡稱，亶夫銀為漕船過壩時，依正米計算，每石給銀一分，作為盤壩之用。羨餘銀則依到通船數，酌給銀兩，每船從一兩至四兩不等。廳倉茶果銀為漕船交倉時，每米一廠，給銀六十兩。七分交官，作放米、修廠等項之用。三分給書攢頭役，備造冊、刷卷等費。至於官軍行月錢糧，在前面以述及。但除運丁之外，押運官、領運官等，皆得支領行月錢糧。以上各項雜款數目雖小，但總括起來，卻相當可觀。

九、青幫的勢力

同時在青幫方面，它的勢力的確很大，如照當時的情形看來，亦夠得上說：舳艫千里，聲威盛極一時。今且記其大概如次，也可作為歷史觀摩的陳跡。

十大總幫的船隻與數目：

蘇州。二十一幫。漕船共一千六百二十九隻。
浙江。二十一幫。漕船共一千六百三十四隻。
常州。十八幫。漕船共一千四百零四隻。
松江。九幫。漕船共六百九十九隻。
湖廣。江西。十九幫。漕船共一千四百八十二隻。
安徽。十六幫。漕船共一千二百四十六隻。
銅船麻包。四幫。漕船共三百零九隻。

河南。九幫。漕船共七百零九隻。

山東。十幫半。漕船共八百一十五隻半。

直隸。一幫。漕船共七十二隻。

（以上共一百二十八幫半，共計漕船九千九百九十九隻半。）

他們所屬的各幫，船隻髹漆的標記，和所掛的旗號，都各別自有不同。凡是幫內的人，必須認識知道。例如江淮泗，便有六種區別。

興武二，有所謂江淮分支，龍鳳半票。興武四丹鳳票有十種區別。

興武五一種。興武六的雙鳳票又有一種區別。興武九一種。

在浙江方面，另有所謂嘉白幫的半邊小票，有六種區別。

嘉海衛有二種。杭州有三種。

嘉興衛有二種。其餘如蘇前衛、海寧衛、紹興衛、正陽衛、常淮衛、武昌衛、南昌衛、吉安衛、德安衛、河陽衛、鎮江後，九江幫等等。

以及另有雙鳳三種，都各有區別。

並且在所有船隻中，專門指定屬於翁、錢、潘三家的香火船，永為這三位創幫祖師的家用的。計翁祖二十四隻。錢祖十八隻。潘祖二十五隻。另外北通州河內五隻，乃拜奉護法小爺的香火船。

青幫通運所及的州縣碼頭

直隸、天津、濟寧、東昌、臨清、德州、沂州、蘇州、淮安、揚州、江陰、鎮江、常州、淞江、江淮、處州、紹興、台州、温州、寧波、湖州、嘉興、安福、撫州、潞州、安州、宣州、滁州、泗州、睢寧、沈邱、商水、汝陽、信陽、安山、恩縣、固始、光州等等。

幫內誇大自稱，可通全國十三省，通行廿四州，通廿四條半河。由南京到北京，有七十二個半碼頭，又有七十二個小閘，除了通十三省的誇大語外，其餘倒也全屬事實，由此可見他們當時力量的不可輕侮了。

十、青幫的家譜

實際締創青幫的人，究竟是誰？實在無從稽考。歷來江湖相傳，青幫分三堂、六部、廿四字輩。三堂便是開創青幫的翁、錢、潘三祖師的堂名。六部就是引見、傳道、掌布、用印、司禮、監察等六部。廿四輩，便是他的班輩演派字序。

而且在杭州還建有家廟，這便是幫眾大家的家廟。在家廟中，還藏有家譜。譜名「對金圖」，正面還有玉璽一顆，上有部議班輩四字。這所說的部議，當然是指清代的户部。換言之，也是清廷所默認的幫會。

它和洪門不同的特點，就是不如哥老會一樣，都是稱弟兄來組織幫眾。它是以師徒如父子一樣，來統率幫眾。這種規矩，本來就淵源於禪宗的叢林制度。並且青幫的班輩演派，又正式承認是禪宗臨濟宗的後代。

家譜前廿四班輩

清淨道德，文成佛法，仁倫智慧，
本來自信，元明興禮，大通悟學。

家譜前廿四字派增註

清心秉正。淨土法門。道之以德。德者為本。
文思所義。成人之美。佛曰史世。法輪常轉。
能屈能伸。仁讓為懷。智圓行方。慧心慧目。
本來面目。來去光明。自由意志。性堅柔和。
圓通自如。明明于德。行止端正。理通天地。
大千世界。通功易無。悟道有心。學聖學賢。

家譜後廿四班輩

萬象皈依，戒律傳寶，化渡心回，臨持廣泰，普門開放，光照乾坤。

家譜後廿四字派增註

萬家生佛。萬象更新。皈依三寶。依依於仁。
莫犯五戒。律例律宗。傳子傳賢。寶維忠孝。
化色五倉。渡量轄達。心性和平。回頭是岸。
臨濟宗派。持志於恆。廣結廣交。泰山石當。
普濟眾生。門可羅雀。開宗明義。放生戒殺。
光復山河。照及萬方。乾元為首。坤德載物。

十一、青幫的規矩

(一)十大幫規

一、不准欺師滅祖。
二、不准藐視前人。
三、不准提閘放水。
四、不准引水代縴。
五、不准江湖亂道。
六、不准擾亂幫規。
七、不准扒灰倒攏。
八、不准奸道邪淫。
九、不准大小不尊。
十、不准代髮收人。

現在將它幫內每條的韻語註釋，記錄如次。雖然言辭鄙俚不文，卻都通俗易曉，用之於教育訓戒勞動群眾，確實明白簡要。而且由此可以看出他們規範幫眾立身處世的宗旨了。

一、欺壓前人罪彌天。滅祖之過罪難言。
常存義氣遵聖訓。投師訪友有何難。

二、前人明訓要謹尊。安清遠近不能分。
師道雖淺莫輕看。藐視即無義氣存。

三、各幫河運要相觀。擅自開閘犯戒愆。
最忌扯蓬私放水。遺殃大眾難行船。

四、水之在天為五行。中樞於船有大功。
不准亂引代縴渡。水涸船淺天地空。

五、進了安清戒要遵。須防私充假冒人。
江湖名流宜慎重。不可亂傳希重金。
六、香堂止靜莫噪聲。攪擾焉能體態恭。
左右端莊稱模範。幫規整肅亦威風。
七、幫中扒弄敗名聲。利己損人不可行。
搗亂幫中落話柄。存心攏攘非英雄。
八、為奸作佞心不良。私行盜竊終非昌。
棄邪歸正真君子。淫惡不戒天昭彰。
九、只言安清進五倫。貴賤勿論字為尊。
貧富須用周公禮。大小不尊欺前人。
十、代髮未曾開善門。未開善門怎收人。
上罷錢糧為受戒。受戒始准收賢人。

㈡十大禁止

一、一徒不准拜二師。
二、父子不准拜一師。
三、師過舫不准再拜。
四、關山門不准再收徒。
五、徒不收不准師再收。
六、不准兄徒弟師。
七、本幫不准引本幫。
八、師過舫不准徒替收。
九、進會不准辱罵會中人。
十、香頭高不准自高。

㈢幫中十戒

一、戒萬惡淫亂。
二、戒斷路行凶。
三、戒偷盜財物。
四、戒邪言咒語。
五、戒訟棍害人。
六、戒毒藥害生。
七、戒假正欺人。
八、戒倚眾欺寡。
九、戒倚大欺小。
十、戒煙酒罵人。

一、自古萬惡淫為源。凡事百善孝當先。
淫亂無度千國法。幫中十戒淫居前。
二、幫中雖多英雄漢。慷慨好義其本善。
濟人之急救人危。打劫　人幫中怨。
三、最下之人竊盜偷。上辱祖先下遺羞。
幫中具是英俊士。此等敗　醜名留。
四、四戒邪言並咒語。邪而不正多利己。
請神降殃洩已憤。咒己明冤皆不許。
五、調詞架訟耗財多。傾家蕩產受折磨。
喪心之人莫甚此。報應昭彰實難活。

六、負他資財願他亡。毒藥　人天理傷。
昆蟲草木尤畏死，此等之人難進幫。

七、君子記怨不記仇。假公濟私無根由。
勸人行善作德好。假正欺人實可憂。

八、休倚安清幫中人。恃我之眾欺平民。
倚眾欺寡君須戒。欺壓善良罵名存。

九、三祖之義最為純。少者安之長者尊。
欺騙幼小失祖義。少者焉能敬長尊。

十、煙酒最易亂精神。容易失口漫罵人。
家禮雖不禁煙酒。十戒之末要謹尊。

㈣十要謹遵

一、要孝順父母。父母恩難言。情義重如天。養育非容易。孝順禮當先。

二、要熱心從事。公議要熱心。義氣且永存。三禮得大道。仁義禮智信。

三、要尊敬長上。宗祖敬師尊。師父在五倫。長上要尊敬。當報教訓恩。

四、要兄寬弟忍。同參為弟兄。當較手足情。兄寬弟要忍。義氣萬萬冬。

五、要夫婦和順。夫婦須和順。其理在五倫。妻賢並子孝。榮華萬萬春。

六、要和睦鄉里。鄉里要和好。近鄰鄉中寶。義氣連合久。不受小人擾。

七、要交友有信。交友要有信。義氣卻長存。安清講遺註。常常記在心。

八、要正心修身。正心思己過。修身即成佛。眾善要奉行。諸惡卻莫作。

九、要時行方便。三祖佛仙神。方便卻長存。義氣千秋遠。容讓不受貧。

十、要濟者憐貧。老弱並貧苦。孤寡身無主。濟老與憐貧。來生必報補。

(五)安清道格言與孝祖歌

安清道格言

諸位老大聽其詳。家裏義氣最久長。進家先學孝父母。然後和睦鄰閭鄉。
小心謹慎莫惹事。吃虧忍讓是良方。街坊老少莫慢怠。大小事情平天良。
孝悌忠信合廉恥。忘三綱並五常。若是有人來爭辯。讓他兩句有何妨。
咱與人家來毆鬥。他說仗著安清幫。滿是咱的十分理。他說咱的人剛強。
要是與人爭強弱。街坊談論不像樣。謹守幫規要謹慎。犯了幫規你遭殃。
各位老大先請祖。請祖臨壇再燒香。人家站著你復跪。人家心穩你心慌。
請下家法將你打。打得偏體是鱗傷。原是花錢買頭磕。找個老家來管著。
敢說安清無好處。為何個個有香堂。各位老大聽我講。吾把好處說其詳。

出門在外挨了打。漏漏家禮沾大光。若是淺住缺盤費。湊上幾吊你還鄉。
或者貪上小官司。眾人拔錢你上堂。陰雨連天困住你。十天八天住不妨。
冬遇大雪身受凍。眾人拿錢製衣服。師父走到徒弟家。如同父母在萱堂。
持茶端飯你情願。鋪床疊被你承當。徒弟走到師父家。見了師母如親娘。
吃喝穿衣皆不足。化錢拉帳他承當。糊塗窩窩高梁餅。不嫌吃菜與吞糠。
師父家裏有了活。耕種除割你幫忙。這户面子在人創。莊稼人等不在行。
有等之人不義氣。見了師父不答腔。聽說來客他就躲。聽說貪錢他心慌。
這一户的在家裏。走遍天下不增光。找他師父要出帖。一頓家法規出堂。
多個少個不要緊。給他多少不心傷。各位老少記此話。以後且要學善良。
講到這裏且住口。

孝祖歌詞

勸老大敬師父竭力行孝。如不然遭天罰困苦貧寒。念一遍孝祖歌平心細想。
別等到禍臨身後悔從前。天下的父與母善愛孝子。生岔子他反說父母心偏。
聽其言觀其行平心而論。得實情處賞罰不失褒貶。論天理論良心人人皆有。
敬三老愛四少是必當然。三家祖留下的倫常道理。君要敬臣要忠國泰民安。
師要慈徒要恭家庭和順。夫妻和要內外法肅詞嚴。兄則友弟則恭長幼有序。
信朋友言顧行又有顧言。這就是人之倫孝悌忠信。有禮義共廉恥全在裏邊。
孝順子修福壽神欽鬼敬。忤逆子造罪孽受人褒貶。疼銀錢薄父母不成人子。
戀賭嫖忘前人難對尊師。師慈悲千萬言一言難盡。不論窮不論富無不皆然。

師有事與己事原是一樣。遇患難遇困苦生死相關。失孝道滅人倫傷天害理。
本命師分你我謬地別天。天多孽猶可違多多行善。包的屈受的氣種下福田。
為忠臣為孝子各留後世。萬不可信邪言去學異端。七星燈掛船頭潘祖留下。
姦盜邪家不清萬不交攙。義氣人紅白事來往弔賀。或本幫或調位同敬當先。
遇惡人說瞎話推算裝啞。不怪人不挑詞腹大量寬。低著聲忍著氣有話慢講。
萬不可高聲喊口出惡言。受災苦受困難聽天由命。萬不可與惡心滅理欺天。
量家當奉衣食誠心敬意。心說好竭力為總不說難。守家法聽師訓循規蹈矩。
莫心急莫心燥隨方就圓。編出書雖淺薄實在道理。勸老大要謹說金石良言。

十二、民族精神啟迪者—顧炎武

顧亭林先生原名絳，字寧人，明莊烈帝崇禎自縊殉國的第二年，才改名炎武，學者稱為亭林先生，江蘇崑山縣莊浦村人，生於明神宗萬曆四十一年(西元一六一三年)，卒於清康熙二十一年(西元一六八二年)，他是中國近代學術史上的一個偉大人物，清代大學者汪中曾說：「古學之興也，顧氏始開其端」，曾國藩也說：「我國學者，以顧亭林為宗」梁啟超更推崇顧亭林為「一代開派宗師」(清代學術概論，都是純學術史的關點來推崇顧亭林)，其實顧亭林先生的偉大，不僅在他抨擊宋明理學，倡「經學即理學」之說，也不僅在於他的博聞強記，考證精賅，而是由於他實實在在是中國近代數百年來最偉大的民族格命思想家和實踐者，它生於明代末年，滿清入侵中國之際，亭林先生基於民族大義毅然奮起抗清。

明代滅亡以後，亭林先生在消極方面，決對不受異族的利用，在積極方面，更著書立說，保存民族文化，使民族經神與固有文化得以保持不墜，終於在兩百年以後，重新燃起了民族革命的火焰，一舉把異族的統治推翻，重光華夏，顧先生他是明代末年積極抗清的大儒之一，對於保存中華民族固有文化和民族思想的公積績也大，所以，從中華民族的歷史上，他被稱譽為一代儒宗的地位，更顯得其崇高偉大，真是名不虛傳！

顧亭林先生所著「日知錄」一書最足以說明，明末以其為首的諸家大儒的學說，與中國近代的革命運動相互間關係密切是有確實根據的：

明末清初，顧亭林（炎武）、黃梨洲（宗義）、王船山（夫之）、李二曲（顒）、顏習齋（元）傅青主（山）等大儒輩出，皆斥玄虛，而重實用，期以經事之學拯救民族，再以性命之學啟導人心，於是中國的民族主義與民權主義思想，從此蘊含積蓄擴散於民間，歷二百餘年而不散，以致爾後能有辛亥革命的成功，一舉推翻滿清專制，建立亞洲第一個共和國。

我們不難看出中國近代的民族主義與民權主義思想，都有很悠久的歷史淵源，特別是明末清初賢大儒的反滿抗清的事蹟和他們的民族思想，對於清代末葉革命思想和革命運動的萌芽，是有著直接關係的，現為闡揚中華民族革命精神的歷史根源，特就顧亭林先生反滿抗清的重要事蹟及民族思想，略加介紹提供我中華兒女有民族思想者景仰與效法。

在敘述顧亭林的反滿抗清事蹟前，我們不能不先敘述一下他的母校，顧亭林的曾祖父名童志，曾做過兵部侍郎，所生二子，長子紹芳，次子紹芾。紹芳生同應，顧亭林是同應的次子，紹芾生同吉，早卒，他的未婚妻王氏，矢志守節，以顧亭林為嗣，顧亭林在強褓中，受養於王太夫人，王太夫人知書達禮，尤其恪盡孝道，嘗斷指以療姑疾。

明思宗崇禎九年，王太夫人受朝廷旌表貞孝，順治二年（西元一六四五年），清兵陷南京，當時顧亭林奉母僑居常熟，七月崑山陷。癸亥日常熟又陷，王太夫人聽到常熟陷落的消息，開始絕食，經過十五天而死。王太夫人臨終的時候，曾對顧亭林說：

「我雖婦人身受國恩，與國俱亡，義也；汝無為異國臣子，無負世世國恩，無忘先祖遺訓，則吾方可以瞑目於地下！」

後來，顧亭林果然謹遵王太夫人的遺言，不為異國臣子，並且在他母親逝世以後，開始積極參加民間道義結社起義抗清，且與嘉定諸生吳其沆及歸莊等供組義兵，歸莊是顧亭林的同鄉，字元恭，一名祚明，曾在少年時與顧亭林同入「復社」，當時有「歸其顧怪」之說。

在這一年，唐王朱聿健監國於福州，旋即帝位，改元隆武，魯王朱以海亦監國於紹興，顧亭林任兵部司務，即是魯王所授。隆武二年（西元一六四六年），唐王曾派人以職方郎的名義授與顧亭林，請他到福建去共同抗清，他本來準備和族父時任延安推官的顧咸正同往，因為母死未葬以致魏能成行。第二年，又欲赴海上，但因交通困難，也未能成行。

顧亭林有「延平使至」詩一首，即是在隆武二年所作。當時顧亭林雖然未能到福建去，與鄭成功共同抗清，但是到順治十四年（明永曆十年，西元一六五七年）他的三世僕陸恩叛投里豪，依然要告他「通海」，

（「通海」在當時是指和以海上為根據地，與反滿抗清的鄭成功有來往而言），這是一種很利害的罪名，當時陸恩想以「通海」罪名控告顧亭林，也許是誣陷，但必須要有事實根據。

總之：顧亭林曾經和擁兵於福建，鄭成功等反清復明人物發生過連繫，則是毫無問題的。

顧亭林從順治七年（西元一六五〇年），離家浪遊長江一帶至順治十四年才回崑山，又因誅殺叛奴陸恩之事而繫獄，幾乎險遭不測。俟出獄之後，回到南京，且先後五次謁孝陵，然後又到山東章邱的長白山下墾田。順治十五年時遍遊北部諸甸，直抵山海關外。

順治十六年，再謁昌平諸明陵，然後到南京，又六謁孝陵，東遊直至會稽。順治十七年，又北謁思陵，然後墾田雁門之北，五台之東。

順治六年，亭林先生從山東到北京，適有山東的黃氏家奴誣告，陳濟生所輯「忠義錄」是為他所作，當局將興大獄，亭林先生聽到這個消息，又從北京趕回山東，但仍繫冤獄半年，事情才得以了結，俟再回到北京，又五謁思陵，從此往還遊歷河北諸邊塞，將及十年的悠久歲月。

順治十六年，第六次晉謁思陵以後，才卜居於陝西的華陰。至到順治十八年以後才出關，當他在逝世前不久，曾經寫信給戴耘也說：

「九州歷其七，五嶽登其四，今將卜居太華，以卒餘年」。他又曾寫信給潘次耕說：

「頻年足蹟所至，無三月之淹」，他為什麼要這樣連年到處奔波呢？絕不是為了遊覽山水，而是有反清復明的政治作用在內，最主要的作用，還是連絡各地反清復明的份子，所以，他和北方幾個富有民族思想的大儒像傅青主、李二曲等都很熟，至於他所以要定居華陰的原因，據他自己說是因為：

「華陰綰轂關河之口，雖足不出戶，而能見天下之人，聞天下之事，一旦有警，入山守險，不過十里之遙，若志在四方，則一出關門，一有建瓴之便」。所謂「一但有警」是什麼意思？「若志在四方」又是什麼意思？足見顧亭林卜居華陰，還另有他軍事上目的。

此外，顧亭林曾在山東章邱和雁門之北，兩處開墾，據說他在山西的時候，曾經和傅青主等開設錢莊，創立匯票，經營各地匯兌事業，山西票號的成立，與他很有關係，他從事各種經濟活動的目的又是為了什麼呢？據全祖望在「亭林先生神道表」中說「先生置田五十畝於華下，供晨夕，而東西開墾所得，別貯存以備有事」，可見他所賺來的錢，並不是為了解決各人的生活問題，而實在另有其重要用途！

在顧亭林先生三十年的浪遊生活中，還有三件事件是值得特別一提的：

㈠六謁孝陵，六謁思陵，兩謁昌平明陵，謁陵之勤，正是表示他對故國之忠。

㈡清廷的大史屢欲推薦他，參加修明史和應博學鴻詞科，他誓死力辭，表示他決不與滿清政府合作。

㈢清初嚴令薙髮易服，顧亭林先生則始終保持明代衣冠，充份表現他誓死不屈的精神，所以各第不敢相逼。

現在再談顧亭林先生的民族精神，就其著作中立論極為明顯者，聊舉二例：

第一，民主至上主義。顧亭林先生認為民族精神高於一切，因此，他對於春秋時代管仲不死于糾的事件，曾經說道：

「君臣之分，所關鍵者在華夷之防，所繫者在天下，故夫子之於管仲，略其不死于糾之罪，而取其一匡九合之功，蓋權衡於大小之間，而以天下為心也。夫以君臣之分，猶不敵華夷之防，而春秋之志可知矣」！

顧亭林先生說的「天下」就是我們現在所說的「民族」，孔子所以稱讚管仲，是因為他以天下為心，也是以民族利益為前提，因此顧亭林先生認為「易姓改號，謂之亡天下」；他又認為一個人不做官，可以對朝代的更換不去過問，但對於民族的盛衰存亡，不能不負責任，所以他說：「保國者，其君其臣，食肉者謀之；保天下者，匹夫之賤，與有責耳矣」！

第二，保存民族精神。顧亭林先生的一生精力，大半消耗於「日知錄」

一書，這部書的價值，已有定評，在此用不到贅述，但有一點，則值得特別一提，就是顧亭林先生著「日知錄」的主要目的，是想要保存中華民族固有的文化，作為將來復興民族之用，因此，他曾自稱除了「音學五書」之外，別著「日知錄」三十卷，而其目的，是希望「有王者起，將以見諸行事，以躋斯於治古之隆，而未為敢為今人之道也」。

又說：「意在撥亂滌污，法古用夏，啟多聞於來學，待一治於後王」，「法古用夏」四字，最值得注意，可見他在「日知錄」裏面所要保存的東西，一方面也是華夏的東西。質言之，就是保存中華民族的精神。

最後，摘錄顧亭林先生的「井中心史歌」有序，略述鄭所南「心史」發現之經過，並敘此書初出時，歸祚明等唱和之盛，三十餘年後，重睹「心史」一書，感舊傷時，故作此歌，時在康熙十七年戊午。詩的首節說：

有宋遺臣鄭思肖，痛苦元人移九廟，獨立南將漢鼎扶，孤忠欲向湘纍弔！著書一卷稱心史，萬古此心心此理：千尋幽井置鐵函，百拜丹心今未死。

顧亭林先生晚年的心情，正與宋末鄭思肖寫「心史」時得心情鄉似呢！像吾人今日讀顧亭林先生的遺著，也大有「百拜丹心今未死」之感。

十三、中國幫會的演進

一般人聽到××幫××會，總將它想成是逞勇鬥狠、爲非作歹的不良組織，那麼，誤會就大了！

溯尋中國幫會的演進，你將會明瞭幫會結納的動機——秉忠尚仁、行俠仗義、無畏犧牲……効忠國族的史實。

對於存在我們這個社會當中，那些所謂黨、幫、派、教、會、社，這些個社會團體組織，您知道多少呢！對於它們的存在，您又瞭解多少呢？

當然，若您是某種社團的一份子，基於共同目標的結合，必然知道它的本旨與精神，對於它的存在價值，也有一定程度的認同和參與。反之，對那些您不曾接觸的社團，亦必因爲陌生，而不知其所以然了；但憑人云亦云或道聽塗說，只會加深人們的誤解和謎團罷了，「它」是怎麼一回事，還是抓不著邊。今天我們就最爲人誤解與詬病的幫派、幫會來談談吧！

我們生活在這個社會上，由於實際環境的需要，都需要朋友，都渴望情誼。藉著晤聚相處、交往共事，達到互助、互惠的目的；擴而大之，由此關係而產生一些社會團體，「幫」就是最常見、最通俗的一種。基於其本身利益的維護與獨立的排他性，聚集結合而成的「幫」；在銀錢往來方面有所謂「錢幫」，鹽，茶，米，糧，雜貨也有其相關性質「幫」的組織，以達到彼此在供需與價格上配合；總之「幫」的名目之多、類別之雜，實不勝枚舉，但其目的不外是爲了維護保障自己的利益而已。

倘若漫無目的、無所事事，但知逞勇鬥狠，甚至爲非作歹，這種走入歧途的團體，就變成了不良幫派。不良幫派違法犯紀，危害社會安定，當然就得取締剷除。反之，那些有崇高理想，正確宗旨，光明正大，作爲有利於國家民族，眞正遂行互助合作，造福羣衆、個人與家庭的社團，即使稱爲幫，稱爲會，只要值得參與，不是邪惡的社團，我們絕不能因爲它的稱呼，就盲目的排斥它、打擊它，甚而誣蔑它。反而應該在確切了解之後，讚助它、肯定它，使在發揮社會互助存在價值下，發揮其正常的功能。

中國的幫與會，起源甚早，可以追溯到二千四百多年以前，基於當時人類互助團結的生存實際需要，自然而然產生的。春秋戰國時代，列國紛爭，社會動盪，因而推動了一種仗義行俠、遂行互助、剷除强暴的團體組織的產生，幫會最早的創立人就是墨子，後世推崇他的思想與學說爲「墨家」。墨子是戰國時代的人，眼見當時列國諸侯强凌弱、衆暴寡，毫無公理正義可言；故大力倡導「兼愛」、「非攻」、「節用」等學說，希望百姓能在平等、互助下生活。

墨子在當時，曾因强楚欲攻弱宋，而專程由齊國奔走至楚，摩頂放踵，日夜不停，只爲勸阻公輸般伐宋之舉，遂其「兼愛」「非攻」之理想。墨子這種人溺己溺、仗義行俠、消弭兵災、拯救生靈、無視個人生死的豪傑行爲，就是幫會中人最崇高尙俠義情操的表現，其抑强扶弱、主持正義的英雄行爲，非爲一己，更不是追求功名利祿的義行，成爲幫會人士行爲的典範與準則。同時其門生弟子亦有「生死以之」的豪邁氣慨，淮南子泰族訓曾載：「爲墨子服役者，百八十人，皆可使之赴火蹈刀，死不旋踵。」言其赴湯蹈火、死不顧身的情操。此爲中國幫會講求義氣之先驅表現。

墨子之後，幫會的首領，名爲鉅子（即後世所稱的「龍頭」），此見呂氏春秋高義篇；又莊子天下篇云：「是以鉅子爲聖人，皆願爲之敎，冀得爲其後。」

據呂氏春秋上德篇所載，墨家鉅子孟勝，義死於陽城君，其門生弟子從殉者百八十三人。其義勇壯烈之精神，一諾之誠的典範，實爲後世肝膽性情之英雄豪傑、義士俠客所仰慕。

再墨者之法，見於呂氏春秋去私篇：「墨者鉅子有腹鯨者，世居在秦國，其獨子殺人，依律應處死。秦惠王憐腹鯨無後，特赦之。後告腹鯨曰：『先生年歲既高，又無有他子；寡人已下令免於誅殺，以留後嗣。』腹鯨對曰：『墨者之法，殺人者死，傷人者刑。以所以禁殺人也，而禁殺人者，天下之大義也。王雖赦免吾子，但腹鯨不可不行墨者之法。』仍將其獨子處死，以符天下之大義。」

後世之幫會，其組織與精神，仍沿用「墨家」的鉅子制度，與篤行墨者之法，所以「墨翟」被奉爲中國幫會，即民間俠道豪傑義勇之士結合社團的始祖。

淮南子人間訓篇則易「墨」爲「俠」，而倍加讚譽。俠者不爲官吏，而廣交遊；能濟人之急，拯人之難，不愛惜身家性命，爲恤存天理義氣，故世稱之爲「遊俠」。史記與漢書皆分別列載「遊俠列傳」，對其豪勇俠義作爲推崇有加。

據司馬遷史記遊俠列傳所闡述，遊俠的行爲作風，雖然未必都合乎正義的軌道，可是說話算數，講求信用；做事堅決果斷，凡應允承諾的事，必定誠敬篤實的履行實踐。不顧惜憐愛自己的身體，對於別人的艱難困危，縱然有著存亡死生般的功勞，也不屑去自我誇耀，更羞于頌揚標榜自己。這些都是頗值得我們去尊敬、欽佩與稱許的優點，緩急之事人皆有之，肯於拔刀相助，端賴彼此合作團結以達到目的。

太史公亦謂：「布衣之徒，設取予然諾。千里誦義，爲死不顧，亦其所長。」乃講一般平民百姓爲顧全義氣，無論任何作爲，但依憑一句承諾，使得千里之外的人，都爭相傳誦他的義行；即使爲此而犧牲自己寶貴的生命，也沒有絲毫顧慮憐惜，這些都是遊俠本性特質之表現。

爲了一般人不甚了解俠士義人的秉性本質，司馬遷有著非常沉痛悲哀的感覺。因世上很多人重儒而輕俠，以致俠士的義氣高節卓行，湮沒無聞，鮮爲人知。殊不知道俠之眞者，儒亦仰賴之，故太史公在遊俠列傳上，六贊遊俠，對其推崇讚譽再三。

班固作漢書，仍按史記舊例，亦有遊俠列傳，列述西漢遊俠之俠義事蹟。

范曄作後漢書，陳壽作三國志，亦將東漢及三國時代的遊俠分別列傳敍述。此後，隋唐、五代、宋史上，皆有遊俠的記載。

宋・施耐庵將元末的民間秘密會社，與宋江梁山的故事，編寫成家喻戶曉的「江湖豪俠傳」，亦名「水滸傳」。在這本小說中，我們可以清楚而又明白的認識，豪傑俠士聯盟結義，其組織內部的情形。

明太祖朱元璋亦即結合這些俠義社團，起兵抗元，創「日月教」，又稱「明教」，藉著宗教的掩護，聚合羣衆來從事驅逐韃虜的種族革命工作，終至有成，一舉將胡元趕出塞外，重振大漢聲威。

在明代的秘密幫會結社，則以「東林黨」與「復社」最爲知名。「東林黨」由於顧憲成在東林書院講學而得名。明天啓四年冬，王紹徽作「東林點將錄」。仿「水滸」一百零八將，列載「渠魁」、「副帥」、「前矛」等職稱，此皆幫會結社特有的稱呼。

顧憲成講學東林，遙執朝政。與淮撫李三才相結納，權傾朝野；故「東林點將錄」以李三才爲「開山元帥」。「開山」二字爲幫會專用字彙，就明白指出其爲幫會首領。

按「清幫要覽」（亦名「進家手册」），這本書亦云清幫的金祖「清源」，即李三才的化名，是其創始者。觀李三才之例可知，義士俠客之易名更姓，在於遂行其俠事義舉，而從不計較聲名；因其志不在此。惟求無負義氣而已。

復社以張溥、張采、陳子龍、徐采遠等人爲首領。當初他們率領士人驅逐閹黨魏忠賢，所發之檄文頗聞名於世。

「復社」以社長爲「正配」，門人爲「十哲」。於是僧道優倡，士農工商，醫卜星相與夫拳勇之徒，以及綠林豪傑都競相加盟入社，因此「復社」聲氣遍天下。

「復社」是以復興學術文化和發揚固有倫理道德爲宗旨的幫會組織。不但創辦雜誌、散佈學說，更結合有志氣節操的讀書人，砥礪道德文章，强調忠義思想，希望經由輿論與科學二方面的成就，來改革當時腐敗的政治現況。

崇楨十四年，張溥棄世；十七年明祚亦亡於流寇李自成。俟清兵南下，志氣清明的讀書人，皆認爲當前不宜再空談學問。乃奮然而起，領導羣衆，以種族大義相激勵，來對抗勢力擴展的新朝。更由「薙髮」問題來鼓盪民氣，以「留髮不留頭，留頭不留髮」的決心，來與當廷抗衡。

觀「復社」原期經由學術的傳播，藉著科學的成就而構成政治團體，達到改革政治現況的目的。但遭受亡國之劇變，不甘異族之侵凌，於是盡一切的奮鬥來扶持朱明諸王，其明知不可爲而毅然爲之，全力維繫民族精神的犧牲，是浩瀚鉅大而至爲可佩的。

再者，有感明朝士大夫之不學無恥，沒有氣節操守是國家淪亡的主因。於是先賢大儒乃將種族大義，民族精神隱入幫會之中。故繼「復社」之後，「天地會」興起。

「天地會」號召社會廣大羣衆，激發忠義民族精神，不期急功的傳揚革命思想。惟因「天地會」從事反清復明的工作，一切但憑口傳心授，留傳的文字資料甚少。

據考證得知，「天地會」是鄭成功於明隆武二年，即西元一六四七年八月所創立。當時其父鄭芝龍決心降清，召成功議事，成功不從，父子決裂。成功乃攜帶儒巾藍衫，到泉州孔廟哭祀於孔子，決心棄文從武，移孝作忠起兵抗清。後又與部將陳輝、張進、施琅、施顯、洪霸、洪顯等九十餘人，在鼓浪嶼設明太祖神位，歃血爲盟指天爲父，以地爲母，故稱「天地會」，以誓滅韃虜，興復漢室爲職志。隨後紛有志士相繼加入，以先來爲兄，後來爲弟，故又稱爲「添弟會」。

據眭雲章先生所著「　國父與洪門」一書指出，鄭成功是當時從事反清復明行動工作中，最堅强的一位忠義志士。他以台灣爲反清的根據地，在當時首府的台南與志士結盟，創立「洪門」幫會。蓋「洪」者乃隱喻漢失中土之意，時時惕勉規復失土；在參軍陳永華全力輔佐下，開立「金台山」、「明倫堂」，號召仁人義士。山主也就是延平郡王鄭成功，所以如今鄭成功在台南的故居，被稱為「開山王府」，奉祀他的祠堂則被稱為「開山王廟」，而這些歷史古蹟所經的道路，現在則稱為「開山路」。

「洪門」初創於台灣，繼擴展於閩浙，後更發展到兩廣，以及湘、贛、川、貴等以至海外各地。惟各地名稱雖有不同，但其精神與宗旨則完全一樣。

與此同時，行運江、河、湖、海水流之處的「漕幫」，亦藉宗教之掩護，陽為清廷輸運糧米，實則在蓄勢待機，並以工作之便蒐集情報，探悉清廷虛實，一俟時機成熟即截留糧米以應軍需，聚集船伕水手及運河兩岸民眾，配合「洪門」行動共同抗清。

此刻先賢大儒顧亭林、傅青主、戴廷栻等，更在山西創立「鏢局」與「票號」。以「鏢局」之名訓練徒眾，藉走鏢之便與各地英雄豪傑串連掛鈎。再以「票號」通滙資財，俾於必要時得以支應義軍起事之用。觀之這一切一切的措施與安排，都是為了推翻異族的滿清入主中原，誓以驅逐韃虜，恢復故土為職志。

幫會在當時都是以歃血爲盟，聚衆結義的。

故康熙初年特頒大淸律例：「凡異姓人等，但有歃血訂盟，焚表結拜兄弟者，俱按謀叛律斬。可見朝廷對幫會防範之嚴，與顧慮疑忌之深了。

但幫會爲了持續存繼與擴大發展，乃遁入宗教或藉習俗，以各種不同的方式來活動。本省的「拜拜」，就是一種，藉此聚結集合，溝通連繫。當時各種社團，其名稱或因時、因地、因人或各有不同，但其秘語、暗號、手勢則無有差異。其一本摯愛民族，尚忠行義的本質特性，則絲毫無所更移減損。

綜觀當時所有民間的秘密結社，其規矩儀注、宗旨條規亦頗雷同，鮮少差異。此無他，惟恐自己不識自己人，發生不必要的誤會。由於其秉忠尚義民族精神的蘊含，使得所有的幫會結社，都能不分彼此，情同手足。其相互密切的關係，就如同骨肉兄弟一般。

蓋括言之，在內陸及海外，顯然爲人知曉的就屬「洪門」，形態比較公開。茲轉錄馮自由先生所著「中華民國開國革命史」的一段以證之：

「旅美華僑之洪門團體，號致公堂，總部設於舊金山大埠、芝加哥、波士頓、聖雷士、羅省、費城等數十埠皆設分堂。但凡華僑駐在之地，無處不有之，咸隸屬於舊金山總堂。華僑列籍致公堂者，佔十之八九。其在大埠，未入洪門尚可謀生，若在小埠，則非屬致公堂會員者，輒受排擠，難以生存，故其勢力之大，爲各社團之冠……。」（按：致公堂是一統名，其下分支甚多。）

東南亞及南洋羣島，「洪門」則名爲公司，避免世人注意。統稱爲「義興公司」，但又因地方區域的不同，分爲福建義興、廣肇義興、潮郡義興、客屬義興、海南義興等。至於義興之下又有海山、廣福、福興、義信、義福等支系分會等。

菲律賓則有中華進步黨、菲律賓致公黨、秉公社、協合競業社、竹林協義團等。抗戰時期曾組織「鐵幹團」，參加抗日工作。

至於「清幫」，則較爲隱密，但凡水流之處的城鎮、港口、碼頭、湖泊，俱爲其勢力範圍。但實際講起來，「清」「洪」本爲一體，而無所分別。就如同吾人的手掌一般，雖有手心（清）手背（洪）的區別，但終爲一體的二面而已。惟因其獻身民族大義，職責限制，自然形成內外，即「清」內「洪」外，「清」隱「洪」顯。

故江湖有諺：「只有金盆栽花，沒有清洪分家。」或「鐵樹不開花，清洪不分家；鐵樹開了花，清洪分幫不分家。」的說詞。

再者，「清」隱在於蓄勢養望，講求韜略權變，不輕易暴露身份，是爲指揮坐鎮領導的「帥」。

「洪」顯是爲衝鋒陷陣，攻城掠地，揭義對敵，臨陣當頭的先鋒，是爲「將」。

故亦有諺：「清轉洪，鯉魚變龍。洪轉清，剝皮抽筋。」

此乃爲達到種族革命，成功的安全措施。蓋上諺前句所言意謂，在「清幫」蓄勢養望已成了氣候，出而領導「洪門」弟兄，遂行反清的任務，自有鯉魚飛躍龍門，身價百倍，不同凡響的意味。後句則在惕誡會衆，既入「洪門」反清的立場與身份顯明，與滿清政府猶若對陣的敵人一般，若再投效隱密潛伏的「清幫」，勢必危及大衆的安全，暴露了掩護。特別嚴加防止以阻逾越，對違抗者處以剝皮抽筋的重刑以儆效尤。

清洪本爲一家，枝葉根脈同源。終滿清一朝，數百年間，清洪兄弟相遇，非但不存隔閡，並且和衷共濟，患難相扶持，困危共擔當的精誠合作，相互協助，沒有絲毫軒輊與見外。

國父　孫中山先生，鑒於革命必須藉幫會之力量，方期有成。乃於民前十九年，在檀香山參加「洪門」致公堂，隨後開創「大陸山」，進而籌組「興中會」，民前十一年又與「哥老會」首領畢永年及「三合會」頭目，合組「興漢會」。進而更納結全國會黨及海外留學生及華僑，創立「同盟會」。集中全部人力物力，精誠團結，前仆後繼的從事革命，其間先烈們抛頭顱、灑熱血，不畏生死、無懼犧牲的努力奮鬥，終將腐敗而又喪權辱國的滿清推翻。

幫會人士對種族革命，竭盡忠誠的熱忱參與，非求功名利祿。其毫無保留、徹底無私的奉獻，與功成身退、忠肝義膽、豪邁瀟灑的偉大情操。觀諸史實，歷歷在目，斑斑可考。這種捨我其誰，惟「義」所歸的氣概風範，何等崇高偉大神聖純潔。

再者，幫會人士，皆可視爲性情中人。其以「義氣」爲先，重然諾，尚篤行，見利不虧其義，見難不更其守；慷慨勇往，捨身就義，無視功名現實，不慕虛名浮譽以及財富地位，此等皎然志節的俠道行爲，在在使吾人仰慕欽佩不已。

清洪前人的肝膽義風，至今猶存人心。尤其在這人心不古、藏污納垢的社會裏，更需要如幫會之義氣俠道，來振奮人心，揚啓善性。至此，惟期忠義秉性的幫會人士，發揮其忠義精神，團結擁護在政府四周，作爲社會的先鋒，民衆的基幹，爲民族與國家盡份心力。

「幫會」被滿淸蓄意的醜化，汚衊了數百年，積非成是，衆口鑠金，以及一般人的愚昧，大部份人的無知與盲從，隨聲附和，以致眞象蒙垢爲人誤會、曲解，誠不勝委屈，亦惟賢達高明俊彥之士能詳究明察，撥雲霧而見明月。

十四、青幫發展史實

滿清入主中原，漢民族爲異族逼迫，幾至不能生存，在維護生命之際，又不能得到平等自由的生活。故而奮決而起，與現實環境作生死存亡的爭鬥，這就是清邦洪門所以因而產生與持續的根本原因。歷滿清二百餘年之間，清邦洪門爲保存民族精神與對異族之抗爭史實，不下數百次。惜事紛拏，鮮有記載，即或有之，亦被詆毀失眞。尤其在滿清政權諸多醜化侮衊下，而今但凡提「幫」道「會」，猶被視爲罪惡劣行之組織。殊不知清邦洪門乃從事反清復明，保全民族精神之革命道義團體也。於吾中華民族之存續有絕大之貢獻，較之漢高之滅暴秦，明祖之驅胡元，實有過而無不及。茲就中華民國之成立而言，清邦洪門更有其不可磨滅之勞績。世人不察究竟，以訛傳訛，而相與詬病。夫觀清洪行事忠字當頭，義勇爲先，容或有不盡如人意者；然就整個史實而言，無損其偉大也。爲矯正世俗聽聞，使清洪堅苦卓絕，犧牲奮鬥之史蹟，爲衆所曉，彪炳宇宙，激勵人人摯愛國族之心。則清洪之事跡，必須闡揚傳播，使社會能認同其之歷史地位，進而讚賞親近。吾輩亦感清洪時至今日，應逐漸蛻變爲社會公益團體，適應時代潮流，作民族精神的中流砥柱，不宜再故步自封，引喻失義，或盲從無爲，自毀前程。撫時感事，倍感心傷，惟藉此文，宣揚清洪忠義精神，謹祈有心，同襄盛事，是所至盼。

眞正創立清邦開始行運的是翁、錢、潘三位祖師爺。翁祖諱岩字福亭，江蘇常熟人氏。爲人性情剛毅，不善辭令。是明末秀才出身，明廷淪亡後，感傷亡國之痛，乃棄文習武，從河南嵩山少林寺僧人，學習武技。並與江湖英雄豪傑交往，密商復國大計，進而參加民族革命團體「天地會」。爲會務的推展，翁祖不遺餘力的奔波各地，因而行蹤飄忽，到處爲家的結合豪傑之士，從事革命工作。

錢祖諱堅字福齋，江蘇武進人氏。爲人精明勇敢，從父龍獻公經商，而遷居河南開封府。十六歲時父母相繼去世，無心承繼祖業，乃勤習拳術，且加入「天地會」。與「翁祖」同隸張嶽帳下，對會務推展甚是熱心。

潘祖諱清字宜亭，浙江杭州人民，後移居安慶。爲人忠義勇爲，承父母餘蔭，很有點資產。幼年讀書，時以詩詞歌賦頌揚豪傑之士，另兼習武藝，術學俱精。平生最好交遊，時人以小孟嘗稱之而不名。

翁錢二祖奉頭目張嶽之命，往安慶訪潘。三人相見之情有逾骨肉重逢，頗有相見恨晚之慨，遂金蘭換帖，結爲異姓手足。潘祖亦因二人推薦加入了「天地會」。

三人朝夕相伴，晤談閒聊俱以會務爲重，有感會務不振。乃決定出門尋訪志同道合的朋友，結爲同志，認爲要推翻清廷，必須蓄勢養望，以待良機，才能事半功倍。於是三人不辭辛勞，各處訪道。及聞聽道元禪師（陸祖），在杭州講經傳道。三人即刻奔返杭州聽道，聞得話語當中，不盡出世超凡成仙成佛之道，猶隱含民族興亡大義。心中更是萬分欽佩，遂要求收爲弟子。陸祖問明來由，又見三人虔誠純摯，慨然應允。惟須各回原籍，戒口三年。期滿再往五台山紫霞洞「孝祖」。三人遵師命各回原籍，三年屆滿。三人會齊，同往五台訪師，曉行夜宿，饑餐渴飲。行了將近一月，方抵五台縣境。及至登山，四處尋找，惟遍尋不着，但絲毫不覺氣餒，仍竭力探訪，將五台山東、西、南三面，搜羅無遺，仍無蹤跡。最後判定必在山北，又攀山越澗，不辭勞苦的對各寺院逐一詢訪。眞是皇天不負苦心人，及至一極其幽勝的古刹。遠眺寺外站立着一人，三人併步急行，奔近一看，果是道元禪師。趕忙上前叩見，其尊師慕道之純情，好不感人。陸祖扶起三人，進入寺內。祇見佛座上，供着「禪宗臨濟羅祖上淨下清之靈位。」陸祖率領三人，向牌位行三跪九叩大禮，以至誠虔敬的心情謁拜祖師。隨後陸祖並接受三人拜師大禮。禮畢，陸祖言道：你等三人，尚有轟轟烈烈事業要作，此刻在山上祇能暫時修煉，學些道法，一

第一代祖師，羅靖（淨清）爲第二代祖師，陸逵（道元）爲第三代祖師。於是積極擴展組織形態。於是一般教徒信士聞風踴躍入幫。此時已是雍正二年，翌年，雍正通令各省，掛榜招賢，辦理漕運。翁錢潘三位祖師，得此消息，心中大喜，到了撫署揭了黃榜。那時河南巡撫是杭州籍的田文鏡，與潘祖是同鄉舊識。三人見了田巡撫，說了來歷，便條陳整頓漕運的具體辦法。田文鏡聽了大喜，即與漕運總督張大有同本專摺上奏朝廷。雍正知悉詳情後，即傳下旨諭飭三位祖師在漕運總督節制，與河工欽差何國宗指揮下，全權負責承辦漕運事宜。

三位祖師於是開始準備監造糧船，與濬河修堤。並商請總督及欽差轉奏清廷，請准開幫收徒，以便統一漕運糧務，雍正格於需要，批准所請。於是三位祖師，一面建造船廠，並依未來需要，動工建造糧船，一切俱按規定尺寸大小，不數月已告完工。共造新糧船九千九百九十九隻半。（所謂無半不成幫，半隻乃是脚划子。）另舊糧船一百六十四隻半一律停用，交與姚小姐（單名發，道號文銓），隨幫經營雜貨生意，供應香火等應用之物，及負責連絡與消息之傳遞。與此同時，三位祖師又濬河修堤。奏發山東六郡民伕十六萬五千人，用銀一百十萬兩，疏濬河道，增築水閘，並貫通衛河、汶水、淮河直達長江。至是一切佈署完竣。三位祖師，迺大開香堂，廣收徒弟。（是年十二月初九至廿九，黃河澄清三千里，後人指爲清邦開邦祥瑞之兆。）斯時翁祖收徒八人。錢祖收徒廿八人。潘祖收徒卅六人。三位祖師共收徒七十二人。清邦遂立。

三位祖師，各自分幫承辦漕運，調兌八省糧米。又忙中抽暇相約結伴，再到五台山求師慈悲（指導，教育、訓誨之意。）陸祖欣喜有此績效，特將祖傳廿四班輩字派，交付三位祖師，以作傳統家譜。並告誡三位祖師，爾等回幫之後，應將本門歷史與家譜，時時宣示幫家，以免曲解眞理。三位祖師回到幫中，設置香案，懸掛祖像，輪番召集幫衆。遵陸祖囑咐一一宣諭，並詳加解說，務使幫衆通曉明瞭。按家譜廿四字班輩是：「清、淨、道、德、文、成、佛、法、能、仁、智、慧、本、來、自、信、元、明、興、理、大、通、悟、學。」自此以後，幫中弟子，悉按字派起名，以分大小，不可紊亂。

三位祖師又到杭州，修建家廟及十二座家庵。並在家廟內設立糧幫總公所。在南京及揚州設立糧幫公所。再公議訂定十大幫規、十禁、十戒、十要，傳道十條，香堂儀式，孝祖規範、家法禮節等項規則。統令後人世世遵守奉行，不得稍有逾越違背。至是糧船南來北往，通行無阻，幫中弟子日有增加，幫運亦日復一日更加興旺。

翁錢二位祖師見幫基已固。一日對潘祖言道，自今而後，請三弟全權攝行幫務，統帶三房子弟。我二人擬往口外，另有所為，順道五台謁師。潘祖雖再三要求同行，無奈翁錢二祖便是不允，再者幫務不能無人領導，只得留下，至是兄弟三人洒淚分別。幫務歸潘祖一人統領，二年以後，仍不見翁錢二祖回來，並無半點音訊。潘祖雖多方派人尋覓，皆無音訊，不得已遂親往五台山去拜謁陸祖。叩詢二兄下落，陸祖云：渠等二人，已有極好結局，無庸尋訪了，爾可回去，全心幫務。現我亦俗緣將滿，正要閉關入寂，爾來正好，特賜天書二部（即定國天書，石函天書）藏經一部。天書可修道學法，藏經可超度衆生。自今日起，吾閉關洞府，不再過問世事。說罷，便催潘祖下山，潘祖含淚應命，拜領了經書甫出洞口，回頭一看，洞門已閉，推之不開，乃跪在洞口痛哭一場。際此死生離別，凄愴悲傷之時。潘祖知師命難違，只得含悲銜淚下山。回到杭州，禮佛誦經。追薦翁錢二位師兄，七七四十九天。諸事完畢，又念二位祖師肉身不曾尋得，乃將生前留下之衣冠等物，招魂安葬於家廟之旁。且派徒歲時祭奠，不時清掃整理，以慰幽魂。

雍正十三年六月六日，糧船行至黃河渡口楓林閘，忽起狂風，飛沙走石，不見天日，黃河內濁浪掀天蓋地。糧船震盪不寧，潘祖座船大桅折斷，但聞號叫呼救之悲聲四起。潘祖見狀，悽慘已極，急得噴血氣絕身亡，時年七十二歲。左右大驚，弟子們聞此惡噩，人人痛哭失聲。一面料理善後，一面清點損失。糧幫遭此慘變，運河兩岸各府州縣衙門文武官吏，俱趕往楓林閘慰問致吊哀悼不已。隨之各幫當家集議，公推潘祖首徒王伊（降祖），繼任幫主。統領糧幫事務。王降祖率領各幫糧船，開往通州壩卸糧，損壞之糧船，則交由大房弟子司馬秋，二房弟子姜培玉，三房弟子宿慶祥共同督工修理。潘祖靈柩，則由大房弟子潘如虎，二房弟子冉秀，三房弟子姚發護送回杭州。王降祖然後通令全幫弟子並各幫子孫，服孝三年。公葬潘祖墓塋於杭州林門外家廟旁，寶華山麓。祖墓前對青龍山，左傍五龍潭，右倚聚寶嶺，後有三仙洞。

潘祖靈柩下葬後。王降祖提議重修家廟，增添家譜字派班輩，俾子孫興旺，衆皆贊同。乃撰定廿四字續入家譜。是爲後廿四字班輩，即：「萬、象、依、皈、戒、律、傳、寶、化、度、心、回、臨、持、廣、泰、普、門、開、放、光、照、乾、坤」。

王降祖名伊字德降，道號文宣。浙江杭州人，生於康熙四十年。是潘祖開法領衆的首徒，秉性溫和，誠敬待人，和平處事。深爲幫衆景仰，自潘祖過舫（去世），統領幫務。共收弟子九千八百七十四人。乾隆卅九年六月十九日在杭州過舫，享年六十有三。

蕭降祖名隆山字玉德，道號文祥。山東東昌府聊城縣人。是潘祖關山門弟子，性情剛直，行俠仗義。與王降祖行止如一，潘祖視之爲左右臂。開法領衆後，收弟子三千六百五十一人。乾隆五十八年十一月初四過方。

乾隆十六年。乾隆再次巡遊江南，路經杭州。見王降祖辦理糧幫漕運事務，井井有序，甚加讚嘗。隨賜家法盤龍棍一條。棗木製作，長三尺六寸，上扁下圓，厚一寸二分繪盤龍一條。龍口內有「欽賜」二字，棍正面寫「護法盤龍棍」五字，背面寫「違犯幫規，打死不論。」並註明製作年月。專責打幫中不肖之徒，又擴建家廟爲九十九間半，頭門御賜「安清門」匾額及對聯乙付「安清不分遠和近，一祖流傳到如今。」對幫衆再三嘉勉。

蓋此時「安慶幫」方面，勢力的確很大。舳艫千里，勢威盛極。王降祖將糧船分別組成一百廿八個半幫頭，各有各的稱呼及領幫當家，平均每個幫頭領船七十七隻，每船配有水手縴夫六七十人不等，勢力的龐大可以想像。爲便於管理統轄這一百二十幫半，王降祖又將他們歸屬十大總幫，統由糧幫總公所調度指揮。

茲將十大總幫所領的船隻及數目列述如下：

江蘇總幫統領廿一幫，漕船一千六百廿九隻。

浙江總幫統領廿一幫，漕船一千六百卅四隻。

江廣總幫統領十九幫，漕船一千四百八十二隻。

松江九幫統領九幫，漕船六百九十九隻。

湖南總幫統領十八幫，漕船一千四百零四隻。

安徽總幫統領十六幫，漕船一千二百四十六隻。

銅船總幫統領四幫，漕船三百零九隻。

河南總幫統領九幫，漕船七百零九隻。

山東總幫統領十幫，漕船八百一十五隻半。

直隸一幫領漕船七十二隻。

各總幫所屬的船隻，髹漆的標記，船隻的旗號，都各不相同，以便於識別及管理。

至此「清邦」漕運所及的府、州、郡縣，凡江河湖海水流船行之處，都是它的勢力範圍。再與各地官衙往返時收集了情報，刺探到消息就藉運糧之便傳遞出去，供給洪門弟兄運用參考。

乾隆見「安慶幫」幫規森嚴，有如軍令。幫衆團結，親逾骨肉。幫力所逮，無遠弗屆。幫基穩固，無法動搖。私心自忖，若「安慶幫」不爲己用，其後果委實不堪想像，如貿然採用高壓手段，勢必逼反幫衆。經深思熟慮之後，最後決定使用軟化手段籠絡幫衆。先僞裝平民身份，設法投帖拜師參加「安慶幫」。偕近臣和坤，由鎮江金山寺住持山東兗州籍之禪修法師引進，投帖爲「安慶幫」「江淮泗」幫頭法字班弟子，而碧蓮禪師則是「鎮前幫」法字班的幫衆。一作了引進師，一作了本命師。碧蓮俗家姓名是嚴凱，本籍四川成都，出家之後投在杭州靈隱寺方丈悟道大師門下，悟道大師法號佛獻，湖北武昌人氏，俗家姓名是陸隆。經過了本命師父，師爺的慈悲，乾隆總算是進了「安慶幫」。碧峯禪師按幫中規矩，又聘請「興武六幫」船行當家，直隸通州籍的法字班弟兄陳有泉，作乾隆的傳道師父，負責傳授講解幫中的道學。

乾隆進幫之後，經本命、引進、傳道等師父之教誨慈悲。深有感悟，即頒佈對漢人不加田賦徵收，減免稅捐，與廣開科舉諸項措施以寬待漢人。更爲消除滿漢歧見，將所有史書中記有滿州、匈奴、韃靼的文字一律刪除。冀圖因而消除種族的仇恨。

附乾隆進家之三邦九代

本命三代　前鎮

師父　碧蓮　法敬　四川成都　鎮江金山寺方丈　俗家姓嚴名凱

師爺　悟道　佛獻　湖北武昌　杭州靈隱寺方丈　俗家姓陸名隆

師太　王均　成毅　浙江杭州　糧幫領幫當家

傳道三代　興武六

師父　陳有泉　直隸通州　船行當家

師爺　馬　驤　山東東昌　船行當家

師太　花逢雨　成芳　江蘇海州　糧幫領幫當家

引進三代　江淮泗

師父　禪修　法廣　山東兗州　金山寺住持　俗家姓聞名山

師爺　修原　佛軒　四川仁和　雲遊高僧　俗家姓龔名三全

師太　李霸江　成志　直隸通州　糧幫領幫當家

十五、青幫的宗旨、守則、信念

六大宗旨

一、透過家門關係，發揚安親忠義精神。
二、實踐義氣家風，倡導團結互助合作。
三、促進社會福利，注重倫理道德規範。
四、互助互諒互信，力行家門手足情誼。
五、排除門戶歧見，討論實踐家門興旺。
六、熱忱奉獻家門，踐履枝葉同根祖訓。

八大守則

一、忠於民族，效忠國家；眞誠不渝，堅守責任。

二、慈悲爲懷，濟弱扶傾；誠以待人，潔身自愛。

四、明辨是非，反躬自省；義字當先，忠義是從。

五、謹愼批評，熱心讚揚；服務爲先，自求多福。

六、竭盡所能，奉獻家門；禮待同參，敬上恩下。

七、維護家門，摒棄私慾；竭誠忠義，死生不渝。

八、嚴以律己，寬恩待人；自求多福，毋損他人。

五大信念

一、忠義

凡安親家理之人，「忠義」是一切做人處世的根本，一切當以此爲準則度量行之。對國家、對民族、對家門亦惟忠心義氣，忠肝義胆爲邦國效力在前，置個人於後。「忠義」人人皆知，勿庸贅述。惟祈吾安親家人，個個身體力行，以身作則是所至要。

二、熱忱

吾安親門人彼此交往相處，以「熱忱」爲之，不虛假做作，不羨富貴不嫌貧。更不能屈志辱身，寡廉鮮恥。家裡的特質，就在「熱忱」「熱忱」本性。是摯誠溫暖，純眞情誼，「熱忱」是發自內心深處誠意的關切與由衷的情感。絕不是虛偉的應酬或是冀圖利用對方的虛僞表態。

三、秘密：

「安親家裡」的人班輩有高低，禮節極分明。往昔從事民族革命時，隱伏在滿清的洲府衙門衙所之中，暴露身份諸多不便，如有雙重身份（在清又在洪）時，在各種場合，亦露洪不露清。故清門至爲隱密，師知其徒，徒識其師。縱是同門（同一師父）的親同參師兄弟，若非經常往來亦未必認識，更遑論隔幫調衙了。但有需要則端賴手式、問答、隱語以爲交通了。安親講「進家」是緣份，師徒亦是緣份，同門同參更是緣份。一切惟靠有緣，有緣方能相識，相交、相知進而相助。考我安親家理，一脈相傳，特重秘密，同門往來彼此之間的關係亦不得告知他人。至於行走社會，用手式探尋同道，以問答判究眞僞，如在家不願表示，亦無法知悉。因爲除本師外，任誰也無從知曉。再若經本師指點前去他地探親訪友，或請求支援幫助時，對方不亮，亦不可貿然相問，以免爲對方帶來不必要之困擾。

四、倫理：

吾安親家理，特重師承，此亦「倫理」也。講求的是長幼有序，班輩分明。更有「一師皆爲師，一徒皆爲徒」之說，故而是師須爲尊敬，是徒必須恩待。再謂江湖（社會）論輩不論歲，各人因緣不同；但有親敍親，有友敍友，無親無友方敍安親道友；若敍及班輩須到香堂。出門在外，互相尊重。故有輩高（字大）人不大，輩低（字小）人不小之語。安親家理之同參，亦如同胞兄弟。凡事爲兄者須寬宏大量，做弟者亦當忍耐順從。儀注云：和睦同參，是安親義氣結合之根本。詩曰：「凡我同參爲兄弟，友愛當敍手足情，寬忍和睦眞銘訓，安親義氣美名存。」

五、奉獻

吾安親家理亟待振興之際，端賴家理之人無我無私的「奉獻」。將自己的才智、勞力、時間、財富不計報酬。在熱忱、服務、負責的態度下付出給家裏最需要的人，以踐履家門的義氣，切切不可以功利現實的觀念與想法，但求先獲得而又吝於耕耘，惟如此方能凝聚羣力，衆志成城，這樣集小我成大我，家門因而興盛。大我方能庇佑護持小我。倘若不曾盡過義務，而冀望獲取權利，不事耕耘而企盼收獲，那僅有的一點「義氣」，豈不點滴無剩了。吾人應時存感恩之心，自跨進門檻與本師締結善緣，得了衆多契交知友的同參兄弟，這些至誠友誼情就是獲得，進而互助、互信、拯危、解難，就是家門義氣，理當思念在此現實社會，此種感情得之不易而愼爲珍惜，感謝本師的慈悲，否則何來衆多兄弟手足，故此吾人宜對家門之事竭力奉獻，使在本師帶領下，家門情面遼闊，場面浩大，人面衆多，如此家門聲名彰顯，門生弟子必更受其庇蔭關顧，對自己的事業工作必然助益良多，如此善行順勢仍能回饋自己，誠可謂功德圓滿。

十六、青幫的行為規範

(一)十大幫規

一、不准欺師滅祖

不拜師不能進家，無父母不能生養；父母之恩報不盡，侍奉師父亦當然。自古云：「師徒如父子。」欺師即是忤逆不孝，犯者重則革除，永不許再進會。吾人進家時在香堂口引進師，並本命師所慈悲的規矩儀註，講的是義氣長存。如當行的不行，當止的不止。不守十大幫規，任意不遵師訓，遇事不講義氣，有香堂不趕，是爲「欺師滅祖」。

詞曰：

「欺壓前人罪彌天，滅祖之過罪難言；當存義氣遵師訓，修行得道有何難。」

二、不准藐視前人

祖師有云：「安親不分遠和近，一祖傳流到如今。」家裏不分貧富，一師皆師，敬道非敬人，專講義氣，如見平輩不互相敬重，對前人不敬之以禮，徒弟不待之以慈愛，以爲自己地位高，前人之職業卑下爲恥，不知恭敬順從，謂之「藐視前人」。

詞曰：

「前人明訓要謹遵，安清遠近不能分；師雖道淺莫輕看，藐視即無義氣存。」

三、不准扒灰倒籠

將自己秘密的語言或行爲，潛行告訴別的人；或是共同做一件事，不守信義，個人圖功謀利，以致涉訟，謂之「扒灰」。

再就是有人要進家，與某人孝祖，故意說某人不好，對進家者誇自己如何好，幫頭根底均正，拉進家來與自己孝祖，以至破壞別人師徒之緣。不但破壞別人之名譽，而又破壞了家規；並有對門外者，言在幫種種不好，如此皆為「扒灰倒籠」。

詞曰：

「幫中扒弄敗名聲，利己損人不可行；搗亂幫中落話柄，存心攏攘非英雄。」

四、不准奸盜邪淫

家理講究光明磊落，時聆師訓；以慈祥愷悌為懷，守身如同執玉，不可作苛且之事。奸盜邪淫有關陰騭，故曰：「萬惡淫為首」；又曰：「見色起淫心，報在妻女。」報應不爽毫釐，犯者從重責革，不准再進家理。

「犯者家法重責，革除幫藉。」夫三祖之道，合乎三乘大法；得其大道，善者能成正果。既欲得道，首宜戒淫；何況姦他人之婦女，資他人之物件，均係邪而不正，喪德之至；不特修道之人宜戒，即潔身之士，亦宜不為。所以我們家理人，尤為禁止。

詞曰：

「朋彼為奸心不良，私行盜竊終非昌；棄邪歸正眞君子，淫惡不戒天昭彰。」

五、不准江湖亂道

進家理，謹遵師訓，皈依佛門臨濟宗派，稱為「代髮修行」。無論走到何地，須要謹言愼行，束身自愛；不准借道生事，招搖欺詐，種種不法行爲。若信口雌黃，意圖斂財情事，即爲江湖亂道；倘有此等敗類，人羣不恥之徒，查出請家法責革，不准再進家理。

「犯者罰跪一爐香，責家法三百。」蓋江湖者流，利欲薰心，惟利是圖者，多爲愼重道之前途計，爲將來子弟計，不准遊走江湖。亂傳此道，以免借道生財者投機。只以金錢爲目的，不知之所以然，倘誤收歹人，恐將來子弟受其影響耳。

詞曰：

「進了安親戒要遵，須防私充假冒人；江湖者流宜愼重，不可亂傳企重金。」

六、不准引法代跳

所謂引法代跳者，是已在家理的人，在有了地位，或發達了以後，嫌自己字派小或前人無顯名聲望，另行投入有聲望勢力的人，再去孝祖。此種行爲不獨欺師滅祖，更是擾亂家規；按理應重責斥革，並通知所有家理一概摒除唾棄。

詞曰：

「功名利祿是雲烟，家理義氣萬萬年；背師棄祖求名利，人人唾棄無臉反。」

七、不准攪亂家規

家規係祖師議定，安邦定國，盤龍棍上有八個大字：「不遵家規，打死無論。」不准私用，有犯者在香堂用此家法；若擾亂家規，重者革除，永不許進會。「犯者罰跪三爐香，責家法六百。」夫三祖立定家規十條，不許歸避，不守家規，打死勿論。如有明犯典刑，而僞詞巧辯避重就輕，冀圖幸免，均爲擾亂家規。

詞曰：

「香堂止靜莫高聲，攪擾焉能體應恭；左右端莊稱模範，家規整齊亦威風。」

八、不准以卑爲尊

家中論的是品行端正，作事公平，不論尊卑。古人云：「字大人不大，字小人不小。」不可自覺輩低，妄稱字大，顚倒亂宗，即爲大犯家規，查出革除，永不許進家。夫家理本爲父子之道，惟有長幼次序可分，最講三從四德，父慈則子孝，子孝則父心寬，均以義氣爲重。如子不孝從，不聽師訓；父不仁慈，不聽子勸；不尊敬長上，不聽前人教訓，都是罪大惡極。凡在家者，要講信義，絕對不可忘恩負義，字大何用，如不講仁義，空空字大，如能仁義道德處世，字派再小也有人尊敬恭慰。

詞曰：

「只言安親重五倫，貴賤無論字為尊；貧富須用周公禮，以卑為尊欺前人。」

九、不准開閘放水

開閘放水，是洩其河中故有之水；試想河水一洩，不特殃及稻苗為民之害，水洩不能行船，害民誤國莫甚於茲，即干國禁，又犯家規。祇顧自己便利，不顧衆人性命，只知劈竹，不知傷筍，這種自私自利的事，不是在家理人應該做的，凡在家者應以天下為公，博愛羣衆。

詞曰：

「各幫河運要相襯，擅自開閘犯戒愆；最忌扯蓬放私水，遺殃及大衆難行船。」

十、不准欺孤凌弱

既然在家，皆是慷慨義氣之人，況為佛門弟子，尤當體念，臨濟佛老之遺訓，理當惜老、憐貧、濟困、扶危。若欺孤凌弱，非大丈夫所為，有壞家中名譽，若被投告查出者，重責革除永不許進家。

詞曰：

「欺孤凌弱非英豪，愧慨義氣是安親，惜老憐貧大丈夫，濟困扶危人所欽。」

(二)十大禁止

一禁、一徒不准拜二師

古人有云：「投名師訪高友。」爲未進家前，須要師徒互相訪問；否則悔之晚矣。蓋師父恩情最重，務要尊敬，不可輕視；再者，爲徒亦非輕易事。儀注云：「一字入清門，永遠拉不出。」若拜二師，是汝自取其咎，爲人未見有二重父母者，如若不然，則犯欺師滅祖擾亂家規之罪。

詞曰：

「師生情理重如山，去此就彼非奇男；忠良將不保二主，自古未見兩層天。」

二禁、父子不准同一師

夫安親之家規，最忌父子投拜一師，至親者莫如父子，若拜一師，犯了是同參兄弟，有亂人倫，祖師有鑒於此，特立家規十大禁止；以免紊亂宗派，則擾亂家規之罪。

詞曰：

「至親莫過父子情，若拜一師爲弟兄；祖師方把此規定，不教後世亂支宗。」

三禁、師死不准再拜師

即入安親必須謹守家規，師徒如同父子之情。師過方，不准再投他師，理應繼其宗脈。如果去改投他人門下，如同父死另投他人爲子，此爲不孝之子。否則爾師香烟斷絕，宗脈無續，其罪難容，並犯欺師之罪。

詞曰：

「師生如同父子情，過方徒應繼其宗；棄故若投他門下，宗脈斷絕罪難容。」

四禁、關山門不准重開

夫關山門者，如老前人香頭最高，賢孝弟子滿堂，將山門關閉，坐享其福。即不能復又開門收徒，只以弟子收徒，接續祖師香烟，而傳其宗脈，師如再收弟子，其後人焉能敬重。關善門時亦應通知三老四少，如關而復開，實爲自卑失却尊榮。否則，師徒互生疑忌，豈不戒之乎！

詞曰：

「香高徒重關善門，不准開門再收人；復再開門收弟子，後輩焉能敬師尊。」

五禁、徒不收不准師收

夫安親之道，最重綱常倫理。故立家規十大禁止、十大要件、十大謹遵，無非勸諭後人，改惡向善，習學正途，抬高人格，不能做出非理亂倫之事（徒不收不准師收者）。若做弟子者，看此人品行不端不收，爲徒者不收此人，做師者若收此人，即是亂倫，自討其賤；或者一脈亂傳，故犯家規，爲干衆怒，倘被查出，趕出香堂，永不許進家。

詞曰：

「弟子既不收此人，師父若收爲亂倫；混亂次序犯家規，趕出香堂關大門。」

六禁、兄弟字派有高低

夫兄弟者，如同胞手足之分；如果兄先進徒輩，弟後進師輩，於理不合，按俗家而論，人倫已失。若按安親而言，則爲「欺師滅祖」，按家規即不能容此敗類存在，凡我三老四少宜愼之、戒之。

詞曰：

「兄弟本是手足情，同參即是合正宗；弟若是師是滅祖，家禮立規實難容。」

七禁、本幫與本幫引道

夫家禮之規矩，乃是祖師所傳，最注重者爲三幫九代。「三幫」乃是引進師、本命師、傳道師。「九代」乃是引進、本命、傳道三幫的師父、師爺、師太合而爲九代。蓋引進、傳道必須另請隔幫，不准用本幫，此乃是以義氣聯合爲重。比如你與吾引，吾與你引，以此義氣久遠，豈不美哉?否則爲單幫行運。

詞曰：

「家規本是潘祖留，三幫九代傳千秋；你爲吾引我爲你，安親義氣萬古流。」

八禁、師過方代師收徒

蓋安親最忌師父過方仙遊，弟子代拉師弟。如新孝祖者亦不光彩，按俗家而論，那有父死母再生者；此爲拜墓爲師，師既過方何能教訓弟子。因此與新孝祖者之恥，理宜查明以免遺笑大方。

詞曰：

「師父過方已仙遊，弟子焉能代替收；三教流傳是一體，飛昇不能再傳流。」

九禁、在道不准誹謗道

蓋安親乃是臨濟根派，自祖師流傳至今。凡安親內之人，均俠義奇男，禁止辱罵及誹謗同道之人。如有違犯者，即爲犯欺師滅祖、擾亂家規、扒灰盜攏之罪，趕出香堂，或請家法以正其罪。

詞曰：

「臨濟家禮非等閑，安親本是俠義男；自相辱罵犯家規，香堂難以朝祖先。」

十禁、香頭低不准爬高

儀註云：「字大人不大，字小人不小。」無非班輩之分別。凡遇同道有親敘親，有友敍友；無親無友，纔能敍到安親。若在香堂則必敍班輩，一師皆爲師，一徒皆爲徒，人無大小禮爲尊。蓋進安親均以義氣爲重，你恭我敬，有等人輩小，香頭矮，私自長輩份名爲扒香頭，如此敗類人物，有亂家規，宜愼之！戒之。

詞曰：

「香頭雖高人不大，香頭雖小人不小；進會原是義重氣，你恭我敬百年好。」

(三)十大戒律

一戒、萬惡淫亂

萬惡淫爲首，百善孝當先。凡眞求道者，以惜三寶方爲入手之機。何況淫亂無度，既干國法又犯家規，故爲十戒之首要，宜戒之。

詞曰：

「自古萬惡淫爲源，凡事百善孝當先；淫亂無度干國法，家中十戒淫居前。」

二戒、斷路行兇

凡我家中人，多屬英雄豪傑，慷慨好義之士；但濟人之急，救人之危，是義氣所重。而執杖打劫殺人取財，則爲家中之戒。

詞曰：

「家中雖多英雄漢，慷慨好義其本善。濟人之急救人危，打劫殺人家中怨。」

三戒、偷盜財物

蓋偷盜財物最爲下賤之行爲，上辱祖先之德，下遺子孫之羞。家中俱是英俊豪傑之士，亦不乏義士仁人。安親道德君子，萬不能留此敗類，而遺醜史於安親。

詞曰：

「最下之人盜竊偷，上辱祖先下遺羞；家中俱是英俊士，焉能容此敗類徒。」

四戒、邪言咒語

蓋邪言是狂而不正之言，咒語是精神降殃；或咒己明冤，咒人洩憤，都是品行不端，故爲所戒。

詞曰：

「四戒邪言並咒語，邪而不正多利己；精神降殃洩己憤，咒己明冤皆不許。」

五戒、訟棍害人

蓋調詞架訟，費時耗財，多有傾家敗產者，累及子孫無所依食，喪心病狂莫甚於此，故宜戒之。

詞曰：

「調詞架訟耗財多，傾家敗產受折磨；喪心之人莫甚此，報應昭彰實難活。」

六戒、毒藥害生

凡負他資財，願他身死；修道之人，昆蟲草木尤不可傷，何況直接了當以毒藥害人，傷天害理莫甚於此。

詞曰：

「負他資財願他亡，毒藥殺人天理傷；昆蟲草木尤畏死，此等之人難進家。」

七戒、假正欺人

凡君子記恩而不記仇。俗語云：「冤仇宜解，不宜結。」許多人既把將軍坐，便把令來行，假公濟私，要想害其平素嫉恨的人，爲之假正欺人。

詞曰：

「君子記恩不記仇，假公濟私無根由；勸人積德行善事，假正欺人不可留。」

八戒、倚衆欺寡

安親不分遠和近，進了安親是一家；不獨對於在家者言之，普通的平民，亦不得持我之黨欺壓良善。

詞曰：

「休倚安親家中人，持我之衆欺平民；倚衆欺寡君須戒，欺壓良善罵名存。」

九戒、倚大欺小

蓋欺者、騙也。三祖之義：是老者安之，少者懷之；長於我者恭而敬之，幼於我者友而愛之。不許以其幼小，智慧不及於我，則欺而騙之，失爲長者之義也。

詞曰：

「三祖之義最爲純，少者安之長者存；欺騙幼小失祖義，少者焉能敬長尊。」

十戒、貪酒吸煙

蓋煙酒最易亂人之性，惟一亂性，容易亂言任意漫罵。所以在家禮不專禁止煙酒，鑑於酒後之滋事生非，層出不窮，故列爲十戒之末，終亦免用之。

詞曰：

「飲酒容易亂精神，吸食毒品最傷身；安清不專戒煙酒，終亦滅免是爲尊。」

(四)十大要遵

一要、孝順父母

蓋人生一世，惟有父母之恩情，實難報答。自幼父母養育費盡心機，倘若不孝人倫何在？古聖云：「家有父母在，何必遠燒香。」人能行孝，衆神佑護。古云：「百善孝當先。」夫孝敬父母，爲人子者之要務。凡古聖先賢，均以「孝」字爲先，如人孝敬父母，萬古流芳。故十大謹遵，以孝敬父母爲首。

詞曰：

「父母養育恩難言，骨肉情意重如山；自幼教育非常容易，孝敬雙親禮當先。」

二要、熱心從事

凡諸事須熱心，不能退縮，如鄰里鄉黨。若夫同道各種公議事項，必須誠心辦理，不避一切，均要以義氣聯合久遠。祖師傳流大道，始則以五常爲宗旨，何況其他，勿論何時皆要以熱心從事。

詞曰：

「凡事公議要熱心，家理義氣要永存；三祖留傳安親道，首講仁義禮智信。」

三要、尊敬長上

蓋尊長者宜尊敬，故安清之道，首要尊師敬祖。師有教訓之責，父母有養育之恩，不能不尊敬；夫師者亦在五倫之內，其理甚爲明顯。

詞曰：

「崇祖拜師孝雙親，師父教訓要謹遵；長幼有序人欽敬，當報尊長教育恩。」

四要、兄寬弟忍

蓋兄弟猶如手足之情，吾道同參亦如同胞一樣。凡事須兄有寬宏大量，弟亦須忍辱方妙；上恭下敬、和睦同參，是安親之根本，均要講義氣聯合。按俗家兄弟友愛，名垂千古，如桃園結義，三祖結盟等，均爲異姓，何況手足之結乎。

詞曰：

「凡我同參爲兄弟，友愛當較手足情；兄寬弟忍須和睦，安親義氣萬載存。」

五要、夫婦和順

古云：「夫正婦順。」又曰：「妻賢子孝。」以上實爲家庭之幸福也。凡夫婦須要和順，遇事互相商議，夫唱婦隨。夫若不正，婦宜解勸；夫婦和順，家庭快樂實爲人生第一幸福也。」

詞曰：

「夫婦之間要和順，夫唱婦隨實堪欽；妻賢子孝家庭樂，富貴榮華萬事春。」

六要、和睦鄉里

夫鄉里爲人生之主要，必須要有聯絡。俗云：「近鄰鄉中寶，遠親不若近鄰。」遇事相助，與人方便，即是自己方便。凡有不平之事，均以鄉里互助。

詞曰：「和睦鄉里勝遠親，近鄰老幼須同心；義氣聯合須久遠，諸事不受小人侵。」

要、交友有信

交友有信，是對於交友要有信實之心，異姓兄弟猶如骨肉之親，義氣常存，不得朝秦暮楚，互相毀謗，凡事均以義氣爲重。夫吾道之宗旨，即以義氣爲根本；然則，亦爲借道交友，蓋信者即是忠誠不妄言的意思也。

詞曰：

「交友有信意要純，誠實義氣卻長存；安親儀注牢牢記，週遊十方不受貧。」

八要、正心修身

正心者，即自心贖惡念，而廣積功德之事，一心無愧。關聖云：「無愧心，無愧神。」若是斯心，便是欺神；凡事皆以心爲基本，修身者，是言性命雙修，保守三寶之法，在吾道則平心做事，遵守祖師之儀注，正其心，而修其身。古聖賢云：靜坐常常思己過，閒談莫論人非。」

詞曰：

「正心常常思己過，修身積善即成佛；陰隲善事要奉行，放生濟貧惡莫做。」

九要、時行方便

昔祖師傳留安親之道，首講仁義，以慈悲爲門，方便爲本；與人方便，自己方便。蓋「方便」二字用途最廣，遇事忍耐容讓，凡公益之事，均要時時施行方便。

詞曰：

「三祖傳留安親道，時行方便爲緊要；義氣千秋傳萬古，吃虧容讓無窮妙。」

十要、濟老憐貧

蓋安親之道，專講幫喪、助婚，惜老、憐貧，濟困、扶危；勿論在安親，或不在安親，但凡見人有「三災八難」必須竭力相助，此乃俠義之道。夫吾道三老四少，皆要發慈悲心普渡衆難，廣結善緣以流芳千古。

詞曰：

「老弱飢寒與貧苦，孤獨鰥寡身無主；濟老憐貧功德重，轉生來世必報補。」

十七、青幫的祖訓、家訓、家譜

祖訓

訓爾後生　沐耳聽眞　吾道宗旨。信義爲尊
初祖創道　枝葉同根　親疏遠近　從來不分
爾今受戒　潔己修身　和平處世　忠厚待人
幫規宜守　國法須遵　毋負祖訓　莫忘師恩

家訓

興運立幫　保護四方　勸諭百姓　治國安邦
精誠團結　四海名揚　堂前行孝　分所應當
後生子孫　敎義有方　親愛鄰里　和睦鄉黨
遊遍天下　志在四方　進家之人　考其家鄉
根基清正　方准請堂　守分安命　品行端正
學習正業　萬勿遊蕩　奸滑狡詐　逐出清幫
幫中老少　盡是豪强　甄選拔取　國家棟樑
榮宗耀祖　記在心腸　此篇家訓　切記莫忘

家譜

一、前廿四代

清淨道德　文成佛法　仁倫智慧

本來自信　元明興理　大通悟學

前廿四字派註釋

「清」清心秉正，「淨」淨土法門，「道」道德修眞，「德」德配天地。

「文」文昌化解，「成」成其正果，「佛」佛心皈一，「法」法力無邊。

「仁」仁義永遠，「倫」倫常在懷，「智」智圓行方，「慧」慧思普遍。

「本」本茂枝盛，「來」來去光明，「自」自心悔悟，「信」信用爲根。

「元」元初自始，「明」明心見性，「興」興家立業，「理」理門義路。

「大」大發慈悲，「通」通功易無，「悟」悟道誠心，「學」學正修成。

二、後廿四代

萬象依皈　戒律傳寶　化渡心回

臨持廣泰　普門開放　光照乾坤

後廿四字派註解

「萬」萬敎歸一，「象」象註先天，「皈」皈依三賢，「依」依歸佛門。

「戒」戒謹受規，「律」律例律宗，「傳」傳子傳賢，「寶」寶象佛法。

「化」化及衆生，「渡」渡衆善緣，「心」心存正直，「回」回頭是岸。

「臨」臨濟宗派，「持」持志於恒，「廣」廣結廣交，「索」泰山石敢。

「普」普渡衆生，「門」門路正大，「開」開正明義，「放」放生戒殺。

「光」光復山河，「照」照及萬方，「乾」乾元爲首，「坤」坤德載物。

三、續廿四代

緒結崑計　山芮克勤　宣華轉忱

慶兆報魁　宜執應存　挽香同流

續廿四代字派註解

「緒」緒統義氣，「結」結合善緣，「崑」崑山美玉，「計」計巧傳眞。

「山」山門似海，「芮」芮藏玉蘊，「克」克己復禮，「勤」勤儉爲能。

「宣」宣揚道義，「華」華夏經新，「轉」轉運大法，「忱」忱謝佛恩。

「慶」慶祝東土，「兆」兆豐延年，「報」報答天府，「魁」魁星在極。

「宜」宜勤宜儉，「執」執中守正，「應」應知天命，「存」存心濟世。

「挽」挽救狂瀾，「香」香烟不斷，「同」同舟共濟，「流」流傳安親。

十八、追根究底談家理

家者，骨肉親情之所在，血脈倫理之依歸。

吾中華民族緜延持續已五千年，堂號姓氏雖各有不同，住處容或有異，甚而膚色亦有不同，但俱爲炎黃子孫。

清邦承繼民族之忠義秉賦，藉教傳道，數百年來受知於廣大羣衆，往昔曾是安定社會的基本力量，更是維繫民族存續，發揮豪傑忠勇俠義精神的所在。

清邦堅守尊師重道與倫理親情，不分畛域義氣千秋的家理原則，在現代社會更有其不可忽略的時代存在意義，欲發揚興盛，必須突破一些現況，諸如清除偏狹的門戶觀念，不致以私害公，加强學術理論之研究與實踐，接受新思想契合時代潮流。倘若家理之人在彼此推讓，稱頌，和衷共濟的精神導引下，在實質作爲上統一起來團結起來，因爲必須如此清邦才有前途，才有力量，才能眞正有所作爲。在共同遵循祖師爺遺留的一切規範下，把家理的特性本質，溶入現代的環境，因應實際的狀況，改良缺失，消除錯誤轉化成公益社會團體，確實去做一些有益於個人，家庭，社會與國家民族的事情。眞正將清邦的忠義精神表現起來。

清邦存續我國民間社會已數百年之久，流傳延緒難免有所分歧，形成門派衆多，倘若各行其道，甚或自以爲是，以致相互排斥詆毀，產生一些是非恩怨，如此非但削減了家理的發揚，更妨礙了清邦的發展潛力，大大的削弱了清邦原來社會教育功能的成就。這樣非特貽笑不在邦的外人，更使在家的老少昆仲，心灰意冷痛心疾首。必須要徹底的，完全的摒棄、欺、偏、私、疑、的心念，捨除盜名欺世，誤人子弟的行爲。發揚團隊的精神，家門才能振興。

先總統　蔣公曾昭示國人：「要强固團隊意識，凡是團隊中每一份子，必須了解體認其對團隊之責任，以團隊的成功，引爲自我的成功，要捐棄私見及本位觀念，遵從組織，培養成功不必在我，努力決不後人的觀念。」清邦亦當如是方能振興。

清邦雖特重師承，凡事俱以本師爲從，但古聖有云：「學無常師，主善爲師。」又曰：「君子見善則遷。」「智者不與理辯」，家理追求的就是道理，眞理、條理，生處現代社會，吾人認知家理是藉道交友，故有諺曰：君子謀道不謀財，憂道不憂貧之說。因本師的成全，參與投入這一忠義民族精神的俠道結社，最緊要的就是多多研究家理，知其眞諦精義的所在，並對其存在之價值與社會使命，透澈而又清楚明白的了解，進而踐履篤行終生不渝，以身作則的弘法於羣衆，普渡有緣於後學新進。

爲此，誠摯切盼我清邦老少昆仲，高明賢達當以理性的抉擇，嚴是非之辨，明公私義利之分，同心消除弊失，精誠團結起來，一心一德，齊同努力，弘揚家理於社會各階層各行業，蘊結道義力量，爲强固民族精神及維繫民族生機，作國家堅實的後盾與依恃。

人，百分之九十九都認爲自己的一切都是對的，尤其在清邦沾祖師爺靈光，得以開法上座代祖傳道，收了學生當了前人，更要有虛懷若谷，勤奮好學，敦品修德之典範與接納雅言，從善如流的胸襟雅量。更要有勇於改過的勇氣，切切不可固步自封。倘若凡事自以爲是，自滿自大，對別人無所不用其極的抨擊，批評、論斷、妄以爲踩蹈毀謗就能提昇自己，處處標榜突出自己，獨行其道將祖師爺存留之家理妄傳妄言，斷章取義，引喻失當的附會，夾雜私念的胡謅亂言，陶醉在自我偏狹的井底，那將是罪孽深重的家門罪人。

須知「公理」與「良知」是存在每一個人的心底，公理是永不會愍滅減損的，「良知」更是清晰明確的。對前人長輩悖道、違理、失德之作爲，爲生爲徒與後學新進者，雖口不敢言，但心中怎麼去想呢？倘若吾人大言慚慚，在意識與行爲上自視太高，目高於頂，而昧於清邦家理基本學術與理論的修爲，行離遠道，言不及義，焉能期望學生屈從仰慕欽佩呢？嘗見一些自以爲尊，自以爲老子天下第一惟我獨尊的人　開口就貶人，閉口就標榜自己，自說自話，井蛙觀天，這是多麼幼稚膚淺，多麼不合時宜的自我封閉與幻夢意淫。

須知在任何社會團體中，都有一定的標準與評價，而這異於一般世俗社會，義氣惟重的清邦，其聲望地位是靠「坦爽」「豪勇」「俠義」「仁道」的作爲漸次累積起來的，有着忠肝義膽，義薄雲天，俠道仁義的表現，才能得到江湖朋友的推崇與尊敬，幫喪助婚，拯危解難是最直接的。倘若在該有表現，該有作爲與擔當猶不能挺身而出，在吝於付出與貢獻，不能把握機會施展，那將是何等可惜，而又令人浩嘆婉惜的天下恨事。惟願有心者愼保令名，當機行事。爲後人留下英名與典範。

爲什麼參與清邦，稱爲「進家」呢？

因爲家是最安全，最溫暖，最有感情的所在，如同骨肉親情般的家門情誼，亦惟有在清邦才有。邦中有諺曰：「有出五服的本家，沒有出五服的安清。」又有「鐵樹不開花，安清不分家。鐵樹開了花，安清分邦不分家。」的說法。祖師亦謂：「安清不分遠和近，三祖流傳到如今」。總而言之，吾人孝了祖，投了帖，進了家。是家理的一份子，就永遠與安清休戚相關，血肉相連。因爲家理講的是無親得親，無友得友，但凡有緣，就與所有家理的老少昆仲，結了善緣有了三分安清的誼情，不叙不親，叙起來貼骨之親，至於個性相投，時相往來，禍福與共，漸次又培育了七分的交情，有了純眞誠摯十分的情誼比之親骨肉另弟亦有過而無不及！

說到「進家」，以帶髮修行。因爲清邦依托佛教禪宗臨濟派，藉教傳揚忠義民族精神。故凡孝祖安清者，要講道德，說仁義，守家規，學務本，謹遵師訓，帶髮修行。此道不亂不邪，因時制宜。所以「進家」以後，吾人要以仁居心，以義治事，以禮持身，以智明禮，以信交友。謹守仁、義、禮、智、信這五個字爲立身處事的準據，如此學聖則聖，習賢則賢。

「進家」是藉道交友，結仁結義。故而「進家」之後，因緣際會必然與家人漸次聚晤。酬應往來自然接踵而至，幫喪助婚，拯危解難更是在所難免，捧人的場，抬人的轎，拉人的縴。交情放的多，義名必遠播，雖不冀圖回報，但有朝需要別人也會伺機回饋，多種者必然多收，不種而望豐收，豈非緣木求魚，此頗值吾人深思而力行之事。

酬應往來，酒肉狂歡，誠然縮短了彼此的距離，消除了陌生，偶一爲之無可厚非，若長此以往，非但浪費錢財，更傷了身體，惜財惜福，以備不時之需，俾爲急時之用，屆時功德可成，嘉惠了別人，踐履了義氣，著實是無上好事。愚意以爲，家門晤聚叙談，飲宴宜以「出份子」，「打平伙」方法行之，如此情誼可長可久，蓋餐聚飲宴由一人負擔，縱財力允許，三數次後被邀者亦必過意不去，倘若袋囊羞澀無法回請，豈不讓人困擾。飲宴菜肴不必過豐，五菜一湯可也，既實惠又經濟，若有遠道而來的同參或前人長輩，亦可用「羅漢請觀音」爲之，如此主客盡歡，何其美好，若稱此宴爲「梅花羅漢席」，既典雅又實際。吾人爾後但聞「羅漢席」，就是表示是「出份子」，「打平伙」的餐叙聚會。

至於說到參加壽喜婚宴時，家理的規矩是，若隨侍本師前往，例由年輩較長的師兄，徵得本師同意後，將同門儀禮集中，以本師之名率領致賀。蓋祖師慈悲，

「進了會講師父走遍江湖。」門生弟子護侍抬舉本師是理所當然，在在必須之事。水是漫不過船的，再能再行的門生弟子，也得唯師命是從，否則就是「欺師滅祖」，「藐視前人」。今日爲門生弟子能誠敬恭慰禮侍本師，他日能代祖傳道，開法上座爲人之師時，會下的後學新進亦會如此爲之，說是以身作則也好，身敎重於言敎也好，家理的倫理切切不可些微怠忽或逾越。

親同參之壽喜婚宴，同門昆仲就不必以師之名集中上禮，每人單獨行之。當事者爲此勞煩本師前往，親往稟報或面呈請柬時，應附呈紅包一封，權爲本師程儀，懇祈撥冗蒞臨，本師不論能否出席，對此紅包只加不減的添喜上禮。如此師弟彼此光彩。又本師蒞臨，師門兄弟必然更加踴躍前往，一來祝賀二來面師，再爲師者酬應往來於隔邦調衞，親朋好友化費開銷必大，門生弟子之事豈好再讓本師再爲此費心呢！

清邦師弟之間有若如父子之親，吾人既拜這人爲師，恭慰禮敬唯恐不及且終生不變，既是尊師重道的表現，也是作後進的典範。而身爲師者，既收這人爲徒，更須刻意栽培全力提攜迴護關切有若己出，如此在前人慈悲愛心下，門生弟子能在家庭與學校教育之後，持續接受清邦的社會教育，在本命師社會經驗的傳授指導下，以及人際關係的配合協調下，使家門中每一份子都直接間接獲得臂力與教益。如此小者造福個人及家庭，大者貢獻社會與國家。

爲師者坦然接受門生弟子虔敬誠摯的供養，而不必迫於衣食慮及生活，方有餘力全心投入家門的開拓與推展。本來領導江湖以布衣而爲大衆尊崇的清門前人，由於擔任善緣廣結，衆生普渡，藉道交友，結仁結義，從事忠義民族精神發揚的工作，對於名與利的追求與獲取，非但無暇兼顧，甚或早已忘懷。昔祖訓有云：「窮安清，富道情。」蓋身在清門且爲師者，亦必有佛陀與基督慈悲博愛之心，有義之所在，恪心盡力以赴之豪氣，以及十方來十方去，取之於門生弟子的供養，用之於門生弟子之前程，凡事爲門生思量之襟懷，與一徒皆徒都恩待的氣度，無時不弘揚家理，傳道解惑，指點迷津。倘若不修恃精進道業，徒以攻訐同道標謗自己，收而不教不培育以致誤人子弟，斷人前程，則罪孽滔天。蓋師生關係，尤其在清邦的師生更是情逾骨肉，如同父子親情，前人教導慈悲的是爲人處事，着重的是以身行教，以身作則。再師生之間要坦然相見，老師不必懷疑排斥學生，時時要爲自己門生弟子策劃如何使他們更合作，事業更成功，能得天下英才而教之，能滙聚所有豪傑同努力，這種喜悅亦惟安清師者可以行之。總之，收人就要全心愛護，要視如己出的栽培敎育關顧照拂，而爲徒者亦當對本師虔摯誠敬禮貌週全，時向討敎問候，切切不可無事不登三寶殿，有事但求都圓滿，以社會功利現實的態度心情，來對待自己淸邦的老師，如此便是盜賣安淸的義氣，最後必咎由自取，倘若十手所指十目所視而爲人所不齒，自絕於這崇尚「義氣」的淸邦將是終生最大的憾事。

一般來講，如果我們對「家理」知道的多，了解得清楚，關注的層面也就會廣闊些，由於認知而產生的使命感與責任心，才能激發我們對「家」有更多的「參與」「投入」與「付出」，進而滋生更多的愛心與勇氣。既身爲忠義民族精神道義結社，特別强調義氣「清邦」的一份子，我們由近而遠，從己身到國家，我們有「義不容辭」「無可旁貸」的職責與任務。如何使自己與家庭能過得好，家門兄弟事業能夠順利如意，社會更和諧進步，富裕安康，國家與民族更强大更有出路，這些絕不是單靠唱高調喊口號就行，必須要有崇高的理想、抱負。倘只爲了吃喝玩樂，人活著還有什麼意思呢？套句先總統的話：「生命的意義，在創造宇宙繼起的生命。生活的目的，在增進全體人類的生活。」就是這個樣子的，我們對「清邦」的「時代使命」與「社會價值」有了正確的認知，在貢獻了熱忱，蓄積實力，表現出能耐如同獅子會，扶輪社一樣被社會肯定，被羣衆認同，就不會盲目的妄自菲薄或狂妄自大了。「清邦」比一般社團更値得稱許的，除了能從事社會服務之外，它還以恢復重振民族精神爲己任，與對國族興亡「捨我其誰」「當仁不讓」的犧牲精神，以及往昔光輝燦爛的民族革命史蹟。

向長輩與前人，尤其是本師「討慈悲」是很重要的，因爲這是吸收知識與經驗最便捷的方式，可在很短的時間，對家理有確切深入完整的認識、這「直接」「面對面」社會教育的交流，有如精湛武功高手功力的直接輸入，亦如千年奇草異花非凡神力的獲得，故向本師討慈悲是修道不二法門。

時下有些人對「家」有膚淺的看法，認爲拜師孝祖就可以立即獲得庇佑關顧，所有的災難痳煩都可以化解消除，如能遂願當然沒話說，倘若本師力有未逮，則怨嘆不已。父母恪盡心力的養育子女，是理所當然，子女奉侍孝養父母亦是份所應爲。師徒既若父子，當有此體認，世間之事皆是互相的、彼此的。故禮敬，奉養本師亦是必須。

須知社會上有眞理與邪惡，光明與黑暗，是非功過對錯不斷博鬥爭執的普遍現象，每個人的挫折與苦難以及失意與掙扎也是難免的，進家只是讓我們藉道交友，因而得到志同道合，共同信守忠義原則的契交知友。在相互協助義氣千秋下渡過難關，克服困難，拓展更美好的明天。要耕耘，要付出，才有收穫，才會得到回饋。

理想中的家門子弟，應該是有智慧、有理想、有衝勁、有勇氣、有擔當、有氣節的人，他們不必自命爲君子，但却擁有墨家「兼愛」俠義的抱負與執著，有着義薄雲天，兩肋插刀，痌瘝在抱，人溺己溺的胸懷與氣度，用一句通俗的話就是：先盡義務，後享權利，也就是犧牲享受，享受犧牲。也就是時時反躬自問，我能爲家做過什麼?貢獻了什麼‥家必然能爲我做些什麼，以及今天我以「進家」爲幸爲榮，他日家以我爲榮爲幸。

當然，如果我們不把「家」當作自己的根，自然不會有「獻身」與「投入」的念頭，身爲旁觀者，則永遠不可能產生情感，惟有實際的參與及切身的溶入，才不負當時孝祖拜師結緣清邦的初衷本願。

實際說來，我個人是深深堅信，興旺家門，「批評不如建議」，「建議不如服務」，我們清邦每一個人都該有着絕對的熱忱服務家門昆仲，發揚義氣豪爽的家門精神，在各盡所能去幫喪助婚，與拯危解難下，古道熱腸，非爲名利的雪中送炭，有這樣的作爲與努力那我們的清邦，又怎會沒有希望呢!

在生活上，在「家」中漸次契合，家人在事業上社會上更加互助團結，在一致的原則信守下，使自己這一生過的既充實美滿而又有意義與價值。「進家」才是值得驕傲欣慰的事。

近半世紀，五十多年以來，由於社會型態與生活方式的變遷，以及老成凋謝，人事日非的情形下。清邦仍能為人知悉仰慕，其淵源流長，德固本厚自不待言。惟二十年來猶為能人稱道頌揚，實得力於家喻戶曉，杜月笙先生傳記的發行。這部由名作家章君穀先生，以章回體裁，藉小說故事手法報導杜先生生平的著作，一套四本近百萬字，在傳記文學雜誌連載以來就備受推崇愛戴，及至發行專書以來，更是洛陽紙貴為人重視。前此據悉已發行二十餘版。其為廣大讀者愛好珍惜，競向購置典藏或用作餽贈親友的情形看來。章先生優美文筆配合豐富史學修養，以及謹嚴考證據實報導，使這本鉅著能轟動海內外，傳誦遐邇，頗為時人所推崇外，尤其可貴的是杜先生這一生所表現的正氣磅礴，忠義凜然，言重季諾，義節聿昭的「清邦」俠義精神，深深震撼了人心，使渴望仰天長嘯，攘臂高歌，英雄豪傑，俠義瀟洒的現代人心儀不已。這部敍述描繪杜先生一生事蹟的傳記，其淋漓透致，圓融恰到其處的展現，使任何看過它的人，在讚佩杜先生其以一介布衣，繫天下之重望，而嘆服其一生俠義行誼，更為其言必信，其行必果。救人之急，甚己之私。羞伐其德，不矜其能。墨家「兼愛，摩頂放踵利天下而為之精神所感動。由然而生對「清邦」虔摯仰慕企盼之心，吾人深信這個維繫中華民族，忠義民族精神道義的集會結社，在調適其時代使命，與確定其存續的價值後，迎合潮流的實際需要下，一本其堅持反共復國，實行三民主義，發揚民族精神，必能更加興盛壯旺。因此吾人堅信清邦的外在型態容或改變，但其以仁、義、禮、智、信爲立身之本旨，與特別講究「義氣」以及「尊師」、「重道」、「敬老」、「欽賢」的基本精神是不會稍有更易或怠忽的。

昔「清邦」有諺：「天雨膚施不潤無根之草，清門廣大不渡無緣之人」。結緣「清邦」全靠緣份，有緣千里來聚，無緣對面不識，「清邦」創立之時，是爲了從事民族革命，在滿清高壓及異族殘酷極權下，保持秘密隱匿企圖是存續第一要件，故任何投効「清邦」的老少昆仲，進家之後便得「上不稟父兄，下不語妻兒。」縱使同在一門，若不曾往來，亦若路人一般。在這只有縱的關係而無橫的連繫，都是爲了安全，故而在清邦家門之中「切口」、「規矩」、「儀注」至爲重要，這些所謂「問答」、「手勢」、「動作」是結識、攀交、訪友、論道必需的條件，惟有背誦牢記得一字不差，與熟練得乾淨俐落，才可以藉道交友，結仁結義。

再「清邦」家理講的是「敬道非敬人」，「認道不認人」。「道」，何也！乃清邦的忠義、俠義、仁義精神與清邦的「規矩」、「儀注」、「典故」、「淵源」也。

如果對這些清邦的基本常識不曾具備，縱使沾祖師爺靈光取得輩份，也難得爲人所敬重，該會的不會，該知道的不知道，不修不學，實難以使後進心服。蓋家理流傳數百年，宗脈緜延二十餘輩，有白鬍子的晚輩，也有弱冠的前人，既然講的是「藉道交友」，「道」豈可忘懷疏忽呢！倘若單憑字大輩高自以爲是，只會招來更多的羞辱及輕視。

至於「認道不認人」，清邦講的是准充不准賴，還出三邦與九代。「師承」在家理是宗脈傳流的依據，是非常非常重要的。有「本命」的師父、師爺、師太，這只是一邦三代，還得有「引進」與「傳道」的三代，合起來稱「三邦九代」，此乃家理的根本，至於「引進」與「傳道」必須是隔邦調衞的才可以擔任，各幫頭相互作爲「引進」與「傳道」，彼此更加親近熟識，符合祖師爺創邦興運，廣結交講仁義的本旨，如此感情益濃，交誼更厚，故諺語有詩曰：「家規本是潘祖留，三幫九代傳千秋，彼此互相引進道，安清義氣萬古留。」

講到船隻旗號，這可說是家理人相互鑒識的特別口令，藉其問答驗證眞僞。因爲清邦特別講「義氣」，但遇同道不論舊識新交，倘有所求無不鼎助而爲，全力以赴，不敘不親，一經敘起親逾骨肉，一宿三餐基本義氣，添水幫場固不待言，甚而捨命全交以符家理義氣。若有人混水摸魚，盜賣清邦義氣，拐，騙，貸，借，扯，拉，欺，詐無所不爲，對此等無恥小人，惟藉問答以爲防範，而避免受害受損，故定下船隻旗號。

昔日糧船行運總計一百廿八幫半，有船九千九百九十九隻半，通行各江河湖泊水流之處，後因參與歷次抗清之革命，被清廷裁撤殺戮迫害，而今除江淮泗，與武四，興武六，嘉白，杭三，嘉海衛六大親幫外，民國以來還有雙鳳，寧波後，潮州頭，鎭前，杭四，紹後等幫頭存在，想我清邦流傳近四百年，能超越時空的存續，必有其不可泯滅的因素與生存條件，刻在大陸、台灣、海外各地都有清門子弟，吾人若欲行走天下，自必對家理之「道」，詳加鑽研，務期清楚明白，方能藉道交友，結仁結義。至於前人慈悲能開法上座代祖傳道，則更須對「家理」之道了解透澈，否則貿然收人以訛傳訛，誤人子弟，彼雖當面不敢言講，但內心則不勝懊惱，痛悔當時失誤，隨之表現的是漸次疏離遠颺，深恐別人提及「家理」之事。庸師誤人莫此爲甚。

訪明師，收高徒，清邦方能興旺，家理之道才能傳揚。昔祖師講進家七年，何謂七年，徒訪師三年，師訪徒三年，習家理一年合爲七年。乃表示長時間的相互訪查，訪求明師終生無憾，收徒不濫方有高徒。進家有七字眞言即跟，拉、船、舵、望、靠、給特敘述如下：

一、「跟」師父學道，（學規矩，學儀注），是爲徒訪師的第一年。

二、「拉」船走江湖，（藉家的關係在社會上求生存）是爲徒訪師的第二年。

三、「船」艙上經管事務（隨侍本師出入應對）是爲徒訪師的第三年。

四、「舵」撐的穩過閘過關過碼頭（一切事務之處理）是爲師訪徒的第一年。

五、「望」風使蓬便利行舟。（學習做人處事）是爲師訪徒的第二年。

六、「靠」岸攏碼頭，下錨搭跳（走社會）是爲師訪徒的第三年。

七、「給」是師父給你開法點傳，將六字六法，六字眞經，七字眞言，及祖師一切規矩儀注慈悲，得以開法上座，大開善門（山門）普渡有緣，代祖傳留安清忠義之道。

往昔清邦的人，在江湖（社會）行走，對於規矩儀注，切口通漕，動作手勢，種種暗號，都要背誦得一字不差，熟悉得半點不錯。進茶館酒樓怎麼跨門坎，用飯，飲茶，斟酒取菜都有一定的規矩，來了人如何應對，但凡能動作符合，對答如流，便可以「千里不帶柴和米，萬里不帶燈油錢。」分文不帶走遍天下，到處有家理人的照應關顧，解決困難，贈送盤纏，甚至捨命報仇，因爲清邦中人是最義氣的。「清邦」的十大家規，光明正大，遵師重道，守法重紀，對於任何一個人在社會上立身處世，都具有重大的教育意義與實用價值。

由於當時環境的拘限，嚴守秘密是「清邦」求生存發展必須的措施，所以，任何參與這個忠義民族精神秘密結社，道義團體的人便得遵守「上不稟父兄，下不語妻兒。」的保密要求，更遑論親朋戚友了，縱使同門師兄弟，如往來不多，照樣陌生，倘有需要必須由本師聯繫。至於隔邦調衞，他們別戶的家理人，亦端視本師平時交往，所以祖師爺留傳本邦不得爲本邦作引進傳道師，皆在要求家人能彼此聯繫親上加親，家諺亦云：「有出五服的本家，沒有出五服的安清。」不叙不親，叙起來貼骨之親。是清邦至理名言。

在外面走，如有人問你從那裡來，到那裡去，投那一位？你應答兄弟從杭州來，往通州去，家裏無得混，出外找朋友，遊的五湖四海，投的是好朋好友。兄弟路過貴寶地，千里江湖是一家，人不親義氣親，望你老大照應照應。

假如你知道所要找的是家理的人，在他未問之前應說：「兄弟腿短少來問候，初到此地兩眼漆黑，望你老大多多照應，在下頭頂潘，胸懷義，人有千里朋友，沒有千里威風，請你老大攜帶攜帶。」接着再說：「人抬人高水抬船，山不轉路水相連，在下決不是半吊子，後會有期。」

回答者必說：「兄弟道行淺，沾祖師爺靈光，魚幫水，水幫魚，五家找錢六家用，家理義氣萬萬年。」

在幫的人，招待南來北往的家門兄弟，照例一宿三餐的茶飯，熱心誠意的排紛解難，這種義氣的表現，才能贏得別人的欽佩，才可以在江湖中顯露頭角。

與家理的人接談，態度必須謙虛和藹。在對方問話時，應該說：「好說」，對別人說話時必須先用「請問」。初到一地必須客氣，如遇到有人故意爲難，則說：「兄弟在家靠父母，出外靠朋友，今日來到貴碼頭，眼看生人，脚踏生地，不知各位老大家住何處，門朝那開，沒有踵府拜望，尚祈原諒。家理的義氣，還望各位老大錯愛，人抬人高，無價之寶，人蹉人低，寸步難行，城牆高萬丈，裡外要人幫，一個好漢三個幫，一個籬笆三根樁，小弟倘有不週不到之處，還請各位海涵海涵。

往昔茶館、酒店、旅舍的老板差不多都是在家的，有諺：「不是琴行不開館，不在江湖不跑堂。」所以到這些地方去，微露規矩，靜待反應，當茶房、酒保來給你篩茶斟酒時，你將左手食指與大姆指作圈形，餘三指伸直放在杯子邊緣，就表示在家理，至於我們無論在什麼地方看到這種動作，就可以去敘一敘，盤一盤，貿然去敘或有不便，但可藉着借火，敬煙問路來試探一下。

此外家理的名片，亦有一定格式，右上角寫邦名，姓之右上角寫一「潘」字，名字之兩右上角寫上下兩字，名字右下方寫班輩，廿二寫「通」字，廿三寫「悟」字，廿四寫「學」字以此類推，左下方寫籍貫，名片之背面當中寫「忠義千秋」四字，遇到家理的人，務須雙手持贈此乃尊人尊己。

在邦的人有了急難，謂之「擱淺」，但凡在家的人都有互相幫助的義務。此謂「義氣」，所謂義氣，能扶危，能濟困，可互惠，可援助是也。「清邦」是師徒父子道講道德，說仁義，守家規，學務本，遵訓戒，一脈流傳，頗爲社會大衆重視，愛之如珍寶，藉之爲護符，此不獨可結交許多朋友，又可得到臂助支援，故一般人都於孝祖清邦。

倘在外面與人發生糾紛時，左臂抱右臂表示自己在家，但有自己人，他必然站出來幫你的忙。如果會發生打架，此時可將右邊袖子捲上來，捲時將袖子向裡捲，右手大姆指翹起來，在茶館、酒店則站在椅子上，儘可讓人看到你的手勢與動作。擺枱子，吃講茶，辯論是非對錯，由理虧的一方付帳。出門在外，上下車船，一切行李物品在前，人跟在後，右手握拳，姆指翹起，右袖向上捲成之字形，左手可執物。行李若要放置，皮箱直立，鎖口朝上，雨傘柄向下豎立，網籃內放有臉盆碗杯，均應口朝上，碗內橫放筷子一雙，表示光棍又在家，識時務的竊賊就不會來光顧了，打繩須橫三豎四來綑綁物品，接茶用雙手扶杯，左手出三，右手出四，予人倒茶時，一手執壺另手出三，倒完切忌壺嘴向人。

前述這些規矩、動作、言語、而今仍有使用的價值，切盼留心注意爲要。

十九、青幫的江湖行

(一)拜師、收徒、趕香堂

往昔有云：「男怕選錯行，女怕嫁錯郎。」蓋謂在封閉的農業社會裡，男人選錯了行業，生平才略、志向、抱負不得施展，終至庸庸碌碌一生，女人嫁錯了丈夫，得不到應有的憐惜與關愛，沒有幸福快樂而言，虛耗了一世。而今時代潮流，學識發達，女人不怕嫁錯人，男人也不怕選錯行，只要有決心，只要肯努力，都能追悔，都可以得到彌補，都有失之東隅，收之桑榆柳暗花明，再創佳績，重獲幸福之可能。

惟有孝祖安清，則無所更易。蓋祖師遺訓，徒訪師三年，師訪徒三年，習家禮一年，方得進家。家禮嚴禁一徒拜二師，記名時讚詞有云：「三頭點地墜黃泉」，又家諺有云「投師如投胎」「師徒如父子」，「一日為師，終生為父」的格言。在在曉喻吾人，仰慕清邦義氣，有緣進家孝祖。拜師之後理當終生禮敬，其再三強調尊師重道之倫理觀念，實為維繫我中華民族之一貫之道統精神的中流砥柱。

吾人若要「進家」，須先明白在家利害，豈可等閒視之，倘不守家規，不遵師訓，對國家民族不忠，遇事不講義氣，遇難不肯向前或在利害關頭不能堅守原則立場，甚而否認在家裡，即爲「欺師滅祖」，忤逆不孝，罪大罔極。

家諺有云：「收徒不濫，方有高徒。」

要是沒有審愼選擇的濫收學生，收了又不慈悲（教導，培植），但知嘯聋聚家，酒色狂歡，言不及義，稍有見識深度的人，自必痛心失悔，而有所遇非人之感。故而但凡開法上座之人，務必將進家眞諦，與本門眞義不厭其煩，對弟老闡釋講叙，務要諄諄敎誨時時慈悲，試想在沒有一致的認同與共識下，旣使同參未必能和衷同濟，衆志成城，倘若不能互助，合作，團結，拯危，解難，進而開創事業，小者去造福個人家庭，大者貢獻社會報効國家，那進家又有何意義呢？

祖師爺留傳進家四半步的手續，由「記名」「上小香」「認家禮」而「上大香」到「開山門」，是循序漸進必須的步驟，由于在長時間的考核觀察，本師認識孝祖拜師者的心性，秉賦，品德，才幹，在不斷的磨練與慈悲下，增加弟老們的閱歷與經驗，如同金字塔一樣，有層次與梯階的區分，家諺曰：「記名一二百，小香七八十，大香減一半，開山沒幾人。」

世人仰慕清邦義氣，因道結緣家理，競向拜師孝祖，有人只是沾個輩份認祖歸宗，有人是藉道交友結仁結義，亦有人是圖個現成來檢便宜，更有人是靠著入會進幫來混世道的，値得感佩的是那些有心振興家理，發揚忠義精神，有爲而有所不爲的人。他們默默耕耘，理想遠大，無我，無私的貢獻，日後淸邦中興有望亦端賴視斯輩之努力。

家諺亦云：「趕香堂，學規矩。」倘明知有香堂而蓄意不趕，亦是欺師滅祖。可知趕香堂何等緊要，蓋在香堂除了會親會友，還得習禮行儀，聞道受教，大大增長見識。

因香堂是最最講究倫理尊卑之處，在此論班輩，在此叙親情，在此談家理，一點也疏忽不得。

香堂何在，凡懸掛初祖達摩與供奉有「天地國親師」牌位之所在就是香堂，小香堂一爐二腊三茶四菓，大香堂則爲三爐六腊。但凡設有香堂必須日日供奉，務使香火不斷，而家中老少昆仲一進香堂則必須行禮如儀，萬萬不可省略疏忽，此乃表示崇宗敬祖，愼終追遠之意。

小香堂是在記名、小香收徒時與評事之用，禮節略爲簡便。

大香堂則是上大香，開山門與關山門之用，禮節繁雜至爲隆重，不輕易開的。

但凡正式開堂，不論小香大香，須先按尊卑長幼，淨面漱口後，見禮歸班。若同時孝祖之同參兄弟，即謂一爐香進家，是謂「同爐」。香堂內若有同時收人者，但換香五支，語云：換香不換燭，都是一家親骨肉，有同爐同門，亦有同爐而不同門。初次孝祖及未開山門者，行禮時均須左手搭於左手之上，以便區別，開過山門者則可兩手分開。但左三右四（註）則爲一致。

晚輩朝祖後，必須向在堂之長輩前人行恭見禮，倘蒙慈悲，即按班輩統行一幫禮，但對本命尊長必須另行參見。朝祖時間遲早不定，若來遲者，朝祖已過，淨面漱口畢即可插入行禮，不得草率或避不朝祖。歷來晚輩對於長輩，如不認識，經人引介後，或與本命師久未見面，不論何處均應照行幫禮，若因衆目昭彰，恐有不便可改爲一鞠躬，左手現三即可。

初次收人，謂之「開山門」亦稱「開善門」，事前必須徵得本命師之應允恩准，討求慈悲，收人之前亦須本命師坐堂，得此法權而後就負有廣結善緣，衆生普渡，弘揚家理，光大家門，當仁不讓之責任。

能爲人師誠然可賀，倘本身不學無術，引喻失義而誤人子弟，便是莫大罪孽，收而不能教，斷人生機前途，道法無由下傳，衣缽何來承續，家理又何能發揚呢？清邦焉能興旺！

「註」左三右四有三解

一解「左三」乃勿忘翁、錢、潘三位祖師爺開幫行運，創立「清邦」。

「右四」乃紀念劉、朱、黃、石四位民族英雄爲革命而犧牲。

二解「左三」乃勿忘三月十九崇楨殉國。

「右四」乃牢記四月十四清兵入關。

三解「左三」乃時刻不忘三民主義的實行。

「右四」乃四維民族精神禮、義、廉、恥的發揚。

(二)添水、會客、拜碼頭

「清邦」以豪俠義氣，濟貧扶弱爲重，講的是不敘不親，敘起來貼骨之親，道的是三一不二，枝葉同根，親疏遠近，從來不分。行的是千里不帶柴和米，萬里不帶燈油錢，走遍三山五嶽五湖四海，都能無親得親，無友得友。

家理一貫要求必須熟記背牢的是，三幫九代，船隻旗號，熟練規矩、儀注，問答與家禮，而今船隻旗號可謂特別驗證口令密語，其他還是須要確切明瞭清楚，才能到處行走，會親會友，說是跑碼頭，走江湖也好，處社會交朋友也行，這一套如同當兵的基本教練一樣，切切怠忽不得。動作生疏口條不熟，冀望別人以禮相待，期盼得到支援協助，是不可能的，將心比心，吾人亦然。

告幫求助，家理義氣，同道中三老四少倘有三災八難，淺住不能行舟，略盤其三幫九代，知其屬實，問前往何處，有何困難，酌量情形，與其添水，以資開舟。

按家禮規矩，但凡告幫求助，先問引進三代，再問本命三代，何處札根，何時進家，傳道三代，一切確實明白，就在供奉「天地國親師」的牌位與達摩初祖的像前，明燭一對，燃香五支，封一份水置於香爐前，求添水者來到堂前，參祖如儀後，垂手侍之，口誦：「家住杭州本姓潘，拜師孝祖黃氏庵，今日來到貴碼頭，三老四少來結緣，江湖水淺舟難行，急的雀杆亂點頭，家禮義氣多慈悲，幫助弟子好開舟。」再報自己本命三代後，又云：「弟子某某，由某處來，到某處去，路過貴寶地，沾祖師爺靈光，三老四少的義氣。」誦畢向前用雙手取水，取後向後退一步拱手向在場之人致謝，離開香堂時再以幫禮辭祖。

家諺亦云：「窮安清，富道情。」蓋指在家之老少昆仲，謀道不謀財，憂道不憂貧，講的是忠心義氣，論的是道理感情，錢財用來結仁結義，如此義名昭彰，到處受人恭慰，時時為人尊敬。家禮格言亦云：「吃人一根魚翅，拖他三年航船。」受人滴水之恩，當思湧泉相報。得人春風報以秋雨。倘若假「清邦」之義名，謀取個人利益，甚而招搖撞騙，就是盜賣安清，此大大不可，人人得而棄之。

(三)過舫、香火船、縴夫

清邦以漕運糧米起家，當日在運河中航行的都爲木船，全用人力，即船上舵工搖櫓，或藉兩岸縴夫扯繩牽拉，或藉風力而行，因彼時尚無機器動力的輪船，故由南往北的漕運水程三千里，水勢逆順不同，河名亦異。如杭州至常鎮逆流而上，各爲「江南河」。過長江至瓜州，以通淮河逆流而上，各爲「漕河」。再由台莊至胡莊，是爲東閘水勢最爲湍急。河流至連莊，以至南旺逆流而下，南旺以入臨清，順流而下，皆爲「閘河」。出臨清直抵天津，順流而下衞河，再逆流而上達到終點站通州，這一段名爲「北河」。

考證運河最早起於春秋末年，吳王夫差開鑿刊溝。其後隋煬帝引而長之，元明兩代續有修鑿，南起浙江杭州，北至河北通州。因元明清三朝，國都都在北京，京師人口衆多，需糧甚廣。北方產糧又不敷應用，乃由江浙產米之區，藉運河來輸送糧米。蓋以運河爲幹道貫通廿四條江河，把兩廣，兩湖，江浙、安徽、河南、山東諸省的錢糧稅賦以及貢品，由水路船運，一求其敏捷便利，再爲減少損耗化費。所以漕運在昔日是攸關國家生計的大事。

而清邦假佛教禪宗爲掩護，佯爲清廷從事漕運，暗中則進行反清的種族革命，秘密的組訓羣衆，藉工作之便，廣事結合仁人義士豪傑英雄，不遺餘力的宣揚民族精神，殫精竭慮的倡導忠義氣節，俾伺機奮起効命國族，一舉切斷清廷生機。

漕運途中，倘若邦人因病身亡或因故辭世，必暫移香火船上，俟同幫回空之船隻，帶回故里安葬，稱之謂「過舫」。後以音傳訛有稱「過坊」或「過方」。考其本意應稱「過舫」，蓋指換船停靈，亦表示邦人故世之意。

查安清各分邦之香火船，皆爲十九號。乃奉祖師諭令派定，此絕非偶然之事也。

按昔日清邦行運糧船，凡拜師孝祖，俱爲水碼頭進會，在香火船上擺設香堂，稱香火船乃火盡薪傳，香烟不斷之意，至於爲什麼把香火船都定在十九號，蓋念念不忘三月十九國滅主歿之本意。安清一百廿八帮半，邦邦都有香火船，香火船不從事漕運工作，專爲開堂收徒之用，此外還擔任連絡、指揮、協調，是該帮頭的領導中心，套今日的話就是旗艦。昔每幫有船少者六、七十艘，多者上百艘，舵工水手數千人，南北通漕行運，此外，太平上壩幫中收徒傳道，婚喪喜慶，兌糧調撥，州縣衙門公幹，俱由香火船派人擔任，事務之繁雜衆多可以概見。

縴夫一般都不在船上，齊集運河沿岸之各碼頭上，對漕運北上及回返南下船隻，倘遇逆風逆水不便行舟之時，就靠兩岸縴夫以人力拉船，每站上下不逾廿里脚程，往返作業至爲便捷。縴夫指船爲生，散居運河沿岸，其家眷老小就在碼頭附近，開設茶館、飯莊、酒肆、客棧與雜貨鋪水果店等。供應漕船一應需要，長此以往，由於時相往來，接觸頻繁，與清邦關係密切形同一體。在咸豐時更因太平天國佔據南京、運河不能通行，糧船被迫停運，雖然到光緒十二年再重開漕運，但因火車輪船已通，加上太平天國時清邦各幫頭參加革命，邦人被清廷大肆殺戮，船隻被戰火毀壞，幾乎幫幫斷香，再加上木船運輸不太上算，故於光緒廿七年漕運全面停止。水碼頭孝祖改爲旱碼頭孝祖。昔水碼頭在香火船上孝祖，安全隱密固不待言，而改爲旱碼頭孝祖之後，爲安全計亦擇荒郊古刹隱密的莊院大宅爲之。

隨著時代的變遷與環境的不同，「縴夫」與「香火船」已是歷史名詞，而過「舫」亦因無船可過，即成爲邦人故世的統稱了。

二十、民族精神精萃摘要

導言

國父孫中山先生之述其革命史曰：

乙酉以後余所持革命主義，能相喻者，不過親友數人而已……有三合會之組織，寓反清復明於其中……然苟與之言，猶較縉紳易入，故余從聯絡會黨入手……以同志之努力，長江會黨，及兩廣福建會黨，始合併於興中會又曰：

「是年八月武昌革命軍起，而革命之功，於是告成，總計諸役，革命黨以一往直前之氣，忘身殉國，其慷慨助餉，多為華僑，熱心宣傳，多為學界，衝鋒破敵，則為軍隊與會黨，踔厲奮發，各盡所能，有此成功，非偶然也。」

又在民族主義第三講中說：

「我們講到會黨，便要知道會黨的起源，會黨在滿清康熙時最盛，自順治滅明密時期，其組織之嚴密，行動之飄忽，團結之堅固，力量之偉大，實足聳動時人耳目，而招清廷之忌，比至現今，益復公開傳佈，普遍各地，人數激增，如水赴壑，即論字派之行傳，亦已及後二十四代之第五六代，香煙暢旺，可謂盛極一時，但自會黨失却民族精神以後，即幫中人，亦不知安慶幫究爲何種組織，係在何種環境下產生?所負之任務爲何，何以名爲安慶幫，迨後又何以改名爲安清幫?凡此種種疑問，欲求一稍稍圓滿之答覆，縱使有所答亦必曰：安清幫爲漕運之糧幫，係爲大清安邦定國，護運通漕，故後來改稱爲安清幫云云，此種答語，與安清幫之主旨，背道而馳，相去不知幾千萬里矣，實因安清幫於改易名稱後，愈傳愈晦，漸漸失却本來面目，在滿清主政時期，幫中眞實意義，不特不敢形諸筆墨，抑且不敢宣之喉舌，即或斷簡零編，偶有所載，亦被滿清於編輯四庫全書時，徵取搜檢，燬板焚書，近世通漕所載，多係滿清中葉，幫旨失傳以後，幫中人耳食於前人者，轉而口授之後輩，累記成帙，彼時幫與漕運，已成不可分之勢，故名之曰「通漕」，書中所載，一部分係幫中規矩儀注，一部份係漕運掌故，復以滿清定鼎之後，以八股文開科取士，又開博學鴻詞科，下詔徵求山林隱逸，一般士大夫階級，率皆降志辱身，爭取富貴，販夫走卒，屠狗賣漿者流，轉多忠義憤發之輩，故幫中收納徒衆，

以下層社會勞苦羣衆爲多，所以總理說（民族主義第三講）

「那些有思想的人，知道不能專靠文人去維持民族主義，便對於下流社會，和江湖上無家可歸的人，收羅起來，結成團體，把民族主義放到那團體內去生存，這種團體的份子，因爲是社會上最低下的人，他們的行動很鄙陋，便令人看不起，又用文人所不講的言語。去宣傳他們的主義，便令人不大注意，所以那些明朝遺老，實在有眞知灼見。」

通漕一書，既爲口傳，而傳之者，又多爲未嘗有學問之人。自然魚魯亥豕，訛謬百出，腐套陳言，俗態可掬，傳至現代，社會上一般人士，對於通漕，稍加涉獵，每感安清幫缺乏內容，甚或嗤之以鼻，認爲了無意義，殊不知創幫興運，迄今三百餘年，源遠流長，絕非倖致，**明朝遺老因痛心揚州十日，嘉定三屠，故假糧船幫漕運之組織，另名之爲安親幫，安慶幫，實爲暗中紀念明太祖復興民族之大功耳**，所以

總理又說：

「至於他們所以要這樣保存民族主義的意思，好比太平時候富人的寶貝，自然要藏在很貴重的鐵箱裏頭，到了遇着強盜入室的時候，主人恐怕強盜先要開貴重的

鐵箱。當然要把寶貝藏在令人不注意的地方，如果遇到極危急的時候，或者要投入極汚穢之中，也未可知，故當時明朝遺老，想保存中國的寶貝，便不得不把他藏在很鄙陋的下流社會中，所以滿洲二百多年以來，無論是怎樣專制，因爲是有這些會黨，口頭的遺傳，還保存了中國的民族主義……他們結合起來，在滿洲專制之下。保存民族主義。是不拿文字來傳，拿口頭來傳的。所以我們今天。要把會黨源源本本講起來。很爲困難因爲他們只有口頭傳下來的片段故事。」

敬讀上詞警喻精妙。確爲千古不磨之論，使通漕所載，與幫中口傳之一切規矩儀注，雖由片段零落中彙集而成，然此規矩儀注中實即隱含民族革命之至義，若能於旁敲側擊中，細心蒐討，自足現示安慶幫之眞正面目，原爲種族革命之急先鋒，並於此見前。人應付環境之難，與用心之苦，故現在安慶幫中人，第一須知安清幫爲光復大明，滅滿興漢，負有民族革命重大使命之集團。第二須知安慶幫係爲工作便利計，而深入漕運企圖掌握漕運全權。便於滅滿興漢大業，即可收事半功倍之效，並非滿清恢復漕運以後，始由漕運中產生安清幫，更非如通漕所載，滿淸掛榜招賢，翁錢潘三祖揭榜應募爲淸廷造船興運也，必先知乎也，始足與之談安慶幫。

一、安慶幫之創幫緣起

大明崇禎十七年甲申三月十九日，闖賊李自成，寇陷神京，崇禎帝披髮跣足，煤山升遐，次三桂以圓圓被擄，開門揖盜，梅村祭酒之圓圓曲有「衝冠一怒爲紅顏」之句，眞千古誅心之論，迨後三桂尚思以「殺吾君者吾仇，殺吾仇者吾君」二語，巧詞飾奸，欲蓋彌彰，而適揚其醜。然自此以後，炎黃華冑宛轉於刀頭馬足間矣。

㈠有關明清興亡之三封書

茲檢得與三桂有關之書牘三封，一爲三桂致清攝政王多爾袞乞援書，一爲多之覆書，另一封則爲明永歷帝自緬甸致吳三桂乞憐書，並錄於次，一以見抵禦外侮只有自力更生。求助他人。終非佳事。一以見漢奸之禽獸爲心，豺狼成性。取媚新主。頓忘舊恩也。

吳三桂致多爾袞乞援書

順治元年四月壬申，睿親王師次翁後（關外地名）明平西伯吳三桂，遣副將楊坤等，自山海關來致書。略曰：三桂以蚊負之身，而鎮山海。思堅守東陲。而鞏固京師也，不意流寇犯闕，奸黨開門，先帝不幸。九廟灰燼，今天人共憤，衆志已離，其敗可立待。我國積德累仁，謳思未泯，各省宗室，如晋文漢武之中興者，容或有之，三桂受國厚恩，欲興師問罪，奈京東地小，兵力未集。特泣血求助，乞念亡國孤臣忠義之言，速選精兵，三桂自率所部，合兵以抵都門，滅流寇於宮廷，則我朝之報北朝，豈惟財帛，將裂地以酬，不敢食言。

2. 多爾袞覆吳三桂書

多得三桂書，命漢軍齎紅衣砲往山海關進發，祭酉師次西拉塔拉，報三桂書曰：向欲與明修好，屢行致書，若今日則不復出此，惟有底定國家，與民休息而已，予聞流寇攻陷京師，明主慘亡，不勝髮指，用是率仁義之師，期滅此賊，出民水火，及伯遺使致書，深爲喜悅，遂統兵前進，夫伯思報主恩，不共流賊戴天，眞忠臣之義也，伯離向與我爲敵，今勿因前故懷疑，昔管仲射桓中鉤，後用爲仲父，伯若率衆來歸，必封以故土，晋爵藩王，一則國仇得報，二則身家可保，世享富貴，如山河之永也。

3. 永歷帝致吳三桂乞憐書

順治十七年四月吳三桂言滇南負固有年，一朝勘定，獨永歷在緬，李定國，白文選等，分住三宣六慰孟艮一帶，藉永歷以蠱惑衆心，窺我邊防，患在門戶，號召諸蠻，患在肘腋，投誠生心，患在腠理，請大軍入緬，以靖根株。吳三桂，愛星阿奉命征緬。兩路進兵，於順治十八年十一月，會師木邦，明晋王李定國奔景線，鞏昌王白文選遁據錫波江，官兵造筏將渡，文選復奔茶山，三桂遣總兵馬寧等，追及於孟卯，文選降，三桂愛星阿自趨緬城，永歷（即桂王朱由榔）遺三桂書曰：「將軍新朝之勛臣，舊朝之重鎮也，世膺爵秩藩封外疆，列皇帝之于將軍，可謂甚厚，詎意國遭不造，闖賊肆惡，突入我京城，殄滅我社稷，逼死我先帝，殺戮我人民，將軍志興楚國，飲泣秦庭，縞素誓師，提兵問罪，當日之本衷，原未泯也，奈何憑藉大國，狐假虎威，外施復仇之虛名，陰作新朝之佐命。逆賊授首之後，而南方一帶土宇，非復先朝有也，南方諸臣，不忍宗社之顚覆，迎立南陽，何圖枕席未安，千戈猝至，宏先殄祀，隆武就誅，僕於此時，幾不欲生，猶暇爲宗社計乎？諸臣强之再三，謬承先緒，自是以來，一戰而楚地失，再戰而東粤亡，流離驚竄，不可勝數，幸李定國迎僕於貴州，接僕於南安，自謂與人無患，與世無爭矣。而將軍忘君父之大德，圖開創之豐功，督師入滇，覆我巢穴，僕由是渡沙漠，聊借緬入，以固圉吾山遙水遠，言笑誰歡，祇益悲矣！既矣世守之河山，苟全微命於蠻服，亦自幸矣，乃將軍不避艱難，請命遠來，提數十萬之衆，窮追逆旅之身，何視天下之不廣哉？豈天覆地載之中，獨不容僕一人乎？抑封王賜爵之後，猶欲殲僕以邀功乎？第霾，鐵騎憑陵，金甌殘破，痛揚州之十日，（揚州十日記，王秀楚作，自四月二十五日起，至五月初五日止，記清兵入揚州，焚掠殺戮之慘，後書版俱燬，懸爲禁書）。人也何堪？憶嘉定之三屠，天胡此酷？隳衣冠於塗炭，赤舌燒城，膏黎庶以兵戈，蒼生哭野，哀我蒸民，慘遘鞠凶，始知亡國之奴，不若喪家之犬也！迨南都繼統，江左偏安，民望維殷，謂最低亦應劃萬里之長江，保河山於半壁，不意弘光帝賦性昏暗，心繫閒情，目迷金粉，不顧家仇國恥，惟知選色徵歌，大臣馬阮，蓄意苟安，重鎭高黃，存心火併，史閣部無力回天，齎恨殉國，終至泥馬無靈，銅駝暗泣。嗟嗟！烽火四圍，南渡之君臣不振，降幡一片，北來之將帥如飛，於是而明社亡矣！於是而滿清統一寰宇矣！任用洪承疇范文程輩，制定朝儀，對於知識階級，則以官爲餌，臯牢豪士，梟藻英才，務使天下雄傑，盡入其彀，對於老實百姓，則故示懷柔，豁錢糧，除苛稅，以表寬仁厚澤，復一面派遣爪牙，刻意搜查。舉凡勝國遺臣。朱明宗裔。與各地衿紳。稍負時望者。莫不同隙尋瑕。少涉嫌疑。立加頑梗之名。置之大辟之典。而孽子孤臣。隱忍偷生。爲一時權宜之計。以期遇機光復者。實繁有徒。當順康朝、民間會黨繁興。藉神道以設教。表面勸人向善，實則陰結同志，滅滿興漢。一時江湖間有青紅白黑之說，傳述其源。亦以神話之方按以上所錄，雖係託之神話，似屬不經，然亦可見彼時江湖間會黨，藉神設教之梗慨。青即清幫，紅即洪幫，黑爲走混水者亦可稱爲大小刀會，如坎字拳等。白即理教，白蓮教亦稱曰。清幫又稱三番子，三番者，潘字也。本房祖師爲潘祖，進會後皆姓「潘」，故有此稱。與洪門之隱語三八二十一相等，三八二十一者，即「洪」字也，清洪兩幫合併時，名曰三點會，清洪兩字皆爲三點水旁故也。

二、甲申亡國實錄

甲申長安陷，光錄寺署丞，膠州高弘商困賊中，脫歸，秋末，省其兄相國備述前厄，故錄之，三月己丑朔，甲辰，上召考選中外官三十三人於中左門，諭曰：國家多事，南寇北胡，聞寇已薄固關，雖無確報，可謂迫於門庭，朕已修省待咎，此時何以撲剿？何以安人心？何以生財？何以足用？爾等其熟計之。滋陽知縣黃國琦，首對曰，賊之驕由於招撫，從來招撫無稗於事因請收拾人心，及用人之要，上問安人心，曰，安人心不難，在於聖心，聖心安則人心自安云云。上首肯，筆記其名，又問生財，對曰，今生財、云加派，云捐助，皆非也，豈可一而再，再而三乎？皇上遠慮，宜搜內藏，盡所以爲用，上又首肯，因問用人，曰，天下未嘗無人但人未必爲用云云。上大是之，立除兵科給事中，餘以次對，未畢，俄傳外札，上手折，閱訖，倉皇遽退，各官不敢散，已傳旨吏部官，翰林官，何不與坐，以楊學士觀光，林中允增志，侍班不坐也，按侍班，閣部等大僚例不坐，而鴻臚所說，本於黃國琦面述，或艱難時特禮，時閣臣皆坐，云已設坐，未得命耳，駕回宮，各官乃敬。後知傳札，以賊至昌平也。各官環閣臣於御河橋，楊觀光等責以城守事，魏藻德曰，大家做，靠不得一人，是日，內閣論庶吉士，東宮日講官，劉理順何瑞徵，講論語首章未竟，東宮沈吟曰，不亦樂乎不亦說乎？二乎字可玩，因視兩講官而笑，講官亦笑，賜茶退，夜二十刻，部推左懋泰戎政，兵部右侍郎，總督守城，未報，乙巳，閉都門，時傳吳三桂兵至，不知即賊也，夜攻阜城門（平則門）幷廣寧門（彰義門）漏二十刻，炮聲漸亟，砲實內向。人不知也，丁夜後，砲愈亟，賊環攻，有旨城堵尙虛一千八百有奇，守卒俱稱無餉，襄城伯李國禎不登陴，丙午巳刻，賊入阜城西便二門，人不知也。

丁未，時爽，市人云，宮女出正華門，或傳聖駕昨出城，辰刻，宣武門，北順城門，有內臣戎服可千騎，云王太監救火，呼開門，答以鑰在中府，曰亟碎其鎖，擊之未碎或云前門（正陽門）開，遂沿前門（弘裔親見）至則被天砲不可近，自公且弒我君父，籍我家口，不共戴天，何言降也！我兵雖有限，亦不浪戰，生死由天。自成曰，將軍誤矣，此語何自得之，朕今日尚賴將軍，奸人挑擊，幾喪大事，先皇帝自盡，非我逼也，東宮及老將軍固在。少頃，並跨驟馬，吳襄曰，爾勿信浮言，聖上未入京，先皇帝即自縊，兒知之乎，及入京，召我大內同飯，祿我全家，日賜存問，恩甚渥港兒宜謝。三桂怒曰，非我父也，吳氏受國恩三百年，不能死報，而甘受他人之食乎？料家書如此，故擲之，襄又勸謝，三桂哭曰，求見東宮，三桂叩首馬上，大痛，東宮默然良久，自成勸通語，東宮曰，將軍速謝，有明主可事矣。勿惑浮言，且父在。三桂哭曰，惟王命，馬上謝萬歲，又叩襄首，自成令東宮同襄回營，自成曰，將軍赤誠能容朕單騎勞軍乎？三桂諾，自成東入吳營下馬，三桂亦下馬，各拜云，我君臣幾誤於人言，此後藉重將軍不淺，容朕再謝，三桂辭拜，竟如主臣禮，自成因問守榆關之策，答曰，往關外有八城可恃，今八城亡，關外失險，臣因其難守，奏請入關，先皇帝疑焉，以臣家口入京，俾臣守關，如戎馬至，關未易守也，必先收入關爲上策，自成曰，然，即藉將軍圖之，三桂謝不敏，且乏餉，自成曰，兵餉易耳，我兵三十七萬，留騎十萬，金四十萬，資將軍，功成當厚爵相報，三桂願以身任，自成曰，朕回營即發勅付將軍，三桂又謝，請往登關門指示形勢，許之，至關閱城，又出至一片石。

戊寅哺刻，三桂宴自成上坐，東宮左之，三桂右，以東宮在，竟坐地西向，吳襄送席不與焉，酒數行，忽笳吹大作，白標彌望，三桂即起抱東宮去，還欲執自成，已上馬無及矣，天遽晦，賊方解甲不備，北兵突襲，賊懼，大潰，追殺亡算，僅四萬騎回京，步卒盡沒，（上係李肖宇口述，亦待宴，其所部萬三千人，纔還騎十七，庖人一，家丁二，云經戰十三年，未有如此之敗者。人馬擁塞，自相踏藉，漏刃逃生，言之猶爲魂悸。）

癸未午刻李自成回京，入德勝門，被蟒手白布拂面，從馬約七十匹，列東華門，前一賊抱嬰兒，不知誰也。初賊兵或先歸，問以自成，曰死矣，都人幸甚，從逆各官聞之，大恐，僞銜封署並滌去，已偵自成將至，仍題新銜，吳襄支解於天津之西，

是日故學士楊觀光，何瑞徵，光祿少卿李天經，李延鼎、同鴻臚寺官八人，勸進，自成曰，事且棘，何登極之有！劉宗敏厲聲曰，已有旨，明日登極，各官可出料理，各官退，宗敏與自成爭語，敏曰，爾十幾年辛苦，一旦敗壞，若不登極，何以回關中?自成默然。（李友佐史吳某說）

甲申果登極，殊草草，我太廟主早燬，從此壞民居，運入大內爲災具。

丁亥卯刻，賊出阜城門，留卒七百餘人，入大內及各巷縱火。

先是四月二十二日，西華門外粘示紫筆云，本鎭匡復等情，時吳三桂尚在天津。

高弘商拘李友家，被夾，勒四百金，見李友日醉擁婦女，啼號不惜也，詹事張維機，主事蕭鴻基，至夾其首，張尚書鳳翔，前出獄被拘，勒四百金，不夾。

李肖宇，故祥符諸生，陷賊中久矣，據左懋泰宅，懋泰避宅後，通款，招高弘商，履候之，肖宇因言從賊久，猶在人下，欲乘其敗，圖自成不果，弘商遁出京，亦肖宇資遣之。

三、安慶幫命名之意義

安慶幫乃志切愛祖，痛心亡國也，安慶幫亦糧船幫之別名，內含反清復明紀念明太祖復興民族大功也，乃明朝發祥於朱安社朱慶社，亦即江湖間傳說之「清幫」，清字社會上多訛作青色之青，因前二十四代之第一代，係以清字起，故即以名幫。創幫之祖，實爲陸祖傳以達摩爲始祖，而自附於佛門稱「臨濟派」，蓋假託也，至於此兩字之來歷，言人人殊，大都作平安吉慶解，謂漕運行船，惟求此四字，是眞小人之乎視安慶幫也！查明太祖龍興之地，原爲安徽鳳陽朱家崗，崗內有朱安朱慶兩社，陸祖取以名幫，實以誌太祖奮起布衣，驅逐胡元，振大漢之天聲，復炎黃之神器，爲一代民族英雄。安慶幫徒衆，應顧名思義，軫念前修，循茲偉績，亦使腥膻滌蕩，日月重明，始不愧爲黃帝子孫。此項記載，見末處士談孺木先生棗林雜俎卷一逸典條內朱家崗：

鳳陽西門外二十里，通德鄉曰朱家崗，本朝之先澤係焉。昔鳳陽令楊僞卿勒石道上云，疑家平坡斥衍，不見邱襲，人稱臥龍崗也，嘉靖時邑人副都御史王緯，言其遺跡，下南京禮部閱實，侍郎崔銑視其地蕪，僅櫟木一，多枝，云龍爪樹，西北土地廟石爐，鐫朱慶朱安社等字，餘無可質，今廟樹具墟，意當時一大聚落，故云崗，易代面後，直馳道耳，發祥埋玉，疇能辨之。

鳳陽朱家崗祖陵，太祖初命成山伯李新，開河於此，便運，尋以地脈罷其役

㈠談孺木先生傳（載海寧縣志隱逸）

談處士遷，字孺木，性好博綜，久不遇，益肆力於子史百家之言，尤諳列朝典故……於是訂正羣籍，成一家言，崇禎壬午間，受知陽城張公愼言，膠州高公弘圖，

二公者，天下之望，相與爲布衣交，甲申高入相，張爲家宰，凡新政得失，皆就諮於處士，多所裨益，相國以處士諳掌故，薦入史館，泣且辭曰：遷老布衣耳！忍以國之不幸博一官，高乃止。已動寺交煽，時事日非，處士私語二公曰：公等不去，將任誤國之咎，二公用其言，先後乞骸骨，乙酉張客死宣城，高致命會稽。處士歸於麻涇之廬，丙戌，會盜起剽掠，藏稿盡失，甲午，會棗州總河中丞朱之錫，聘之游京師，嘗走昌平，謁愍帝陵，是時吳太史偉業在翰林，愼與可，獨重處士，丁酉夏，以事至平陽，去平陽城數百里遠，處士徒步往哭張家宰之墓，處士操行廉，雖遊大人先生之門，不妄取一介，至今家徒四壁立，卒年六十有四。

㈡談孺木先生雜俎自題詞

孺木先生著棗林雜俎，自題詞曰：……自數年來，提鉛握槧，積若干卷，食之無肉，棄之有味，雖在雞肋，猶爲貴之矣，系以棗林何也？吾上世以宋靖康之難，自汴徙杭者四傳，德祐末，避兵徙鹽官之棗林，今未四百禩，又並於德祐，吾日暮之人也，安所避哉，求桃源而從，庶以棗林老耳，書從地不忘本也。

黃梨洲、傳以漸、孫夏峯、李二曲、張蒿菴、傅青主、王船山、顧亭林、張蒼水、呂留良諸先生談君墓表，君談氏名遷，字孺木，海寧縣人，初爲諸生，不屑場屋之僻固狹陋，而好觀古今之治亂，其尤所注心者。在明朝之典故，以爲史之所憑者，實錄耳……至於思陵十七年之憂勤惕勵，而太史遯荒，皇成烈焰，國滅，而史亦隨滅，善天心痛，於是汰十五朝之實錄，正其是非，訪崇禎十五年之邸報，補其闕文成書，名曰國榷，當是時人士，身經喪亂，多欲追殺緣因，以顯來世，而見聞窄狹，無所憑藉，聞君之有是書也、思欲竊之以爲己有，君家徙四壁立，夜有盜入其家，盡發藏稿以去，君喟然曰：吾手尚在，寧遂已乎？從嘉善錢相國借書復成之，陽城張太宰，膠州高相國，皆以君爲奇士，頗折節下之，其在南都，欲以史館處君不果，亡何，太宰相國相繼野死，君亦棄君先生北走昌平、哭思陵，西走陽城，欲哭太宰，未至而卒，丙申歲冬十一月也。蓋君於君臣朋友之間，實有至性，故其著書，亦非徒爲盜名之秘經而已……君之子子祺，求予表墓。余表無溢辭，亦史法也。

(三)安慶幫轉入漕運之決策

根據上述，可知安慶幫命名意義之重大，外表行船平安，內則純粹爲紀念明朝發祥大功，蓋自南都陷落後，各地宗藩，紛起謀國，翁錢藩三祖遵陸祖命下山外假漕運之名，內爲反清復明之實，奔走策劃，不料天心厭漢，終以促局一隅旋生旋滅，陸祖鑒借前車，深知事業之成，必先有所憑藉，然後生聚教訓，默化潛移，人心攸攸，始克有濟，遂決定以安慶幫樹奠基礎，陽以傳道渡人，勸善濟世爲名，陰選忠義之士，以師徒名分，深相結納，共努力於復國運動，於是分道宣揚，潛勢日增，窺伺機緣，待時而動，以便因利乘便，就中取事，蓋以運河，南起浙杭，北迄冀通，南糧北運，水路所經，連貫數省，與長江大河，互爲表裏，安慶幫之於漕運，乃明朝遺老投入漕運給糧船幫之改名，並非如通漕所記，三祖揭榜造船，奉旨督糧等傳説，實爲投入糧船，充當水手縴夫，或散處各碼頭，經營小本生意，以互通聲氣，質言之，安慶幫之在漕運，特水手幫耳，漕運初興，糧船主持人皆爲旗丁，閱嘉海裔船隻旗號，詞中有『前半所當家的旗丁李』之語，即可概見，此等旗丁，最初凶暴異常，對於水手輩，一言不合，鞭捶立至，自安慶幫中人，投充水手後，始敢與之抗衡，爲日既久，凶鋒大戢，安慶幫得以從容佈署，援引益多，此後滿淸官吏，日趨腐敗，幫之潛伏力量，日臻健勁矣。

四、蘆芽穿膝紅雪齊腰解

通漕紀載陸祖投拜羅祖。追至紫雲洞口。羅祖命陸祖。必跪至蘆芽穿膝。紅雪齊腰時。始有師徒之分。陸祖遵諭。果然應驗此言。吾人知此蓋必無之事也。不過寓言而已矣！所謂蘆芽者。實即隱射虜牙。而穿膝者。亦不過表明大漢人民。已有剝膚之痛耳。紅雪齊腰云。示影射滿清入關。肆行殺戮。遍地腥膻。血流漂杵之意云耳！實非眞爲蘆芽入膝內。而紅雪齊於腰際也。更以羅祖之傳陸祖。陸祖之傳翁錢潘三祖，蓋皆因胡虜張牙噬人。血腥染遍中原。所以有棄家苦修。訪求民族英雄。相期共同努力於復明大業也。古人云，盡信書不如無書。讀書須於無字處讀之。吾人閱讀通漕，胥當以此種眼光。此種胸襟赴之。始不爲前人所愚也。質之高明。當爲首肯。

五、陸祖說偈之解釋

考通漕載翁錢潘三祖下山時，陸祖說偈爲訓。蓋亦臨別贈言。指示此後工作方向之意云爾，但尋釋偈詞。語意模稜。空空洞洞。有不可捉摸的意態。後經反覆研索。勉强註釋。雖覺此說稍爲成立。然終嫌牽强。嗣經獲一艮機。得敬讀珍密本之祖師史略。始恍然知現時幫中傳說之陸祖說偈。非復當年之廬山眞面也。茲將作者勉强成說之偈詞註釋。與眞偈詞暨註釋。分別列後。以爲我淸門父老昆弟告。

按現時流傳之陸祖說偈偈詞曰：

佛生西域法東流　　前人世界後人收

若能識得其中意　　無限皈依在後頭

按此偈詞用意，全係正話反說，『佛生西域』即影射滿淸胡人生於東夷，『法東流』係指其西侵入中原也。

『前人世界後人收』意謂我祖先之錦繡河山，已淪於異族之手，端須後代子孫收復也。

『若能識得其中意；無限皈依在後頭！』蓋謂如果能參悟箇中之眞意，自有無量數爲民族盡孝之英雄，繼續努力於光復運動也。『皈依』兩字係含『白衣人反』四字故也。

祕本通漕所載，陸祖說偈之經過情形，係當翁錢潘三祖，奉命下山，參加漕運時，陸祖手指座前陳列之爐。鼎，瓶，壺，而說偈曰：

二轉七七賸比鑪　須從瓶鼎用工夫
苦心記取安和慶　日月巍巍照玉壺

按上錄偈詞，與現時流傳，見於各本通漕之詞偈相較，似乎眞切多多，細加研考，更見言中有物，以愚意忖之，手指鑪，鼎，瓶；壺者，此四物之諧音，實即「平定胡虜」也。

所謂『二轉七七賸比鑪』意謂大明二百七十七年天下，儘賸此朱家巷祖陵石香鑪上『朱安朱慶』字樣，言下有痛悼萬狀之慨。

又一解說　則係明室二百七十七年社稷，被胡虜所勝。

『須從瓶鼎用工夫』是明說要從『平定胡虜』上中下苦身段，用死功夫也。

『苦心記取安和慶』，係訓誡三祖，轉示徒衆，要苦心孤詣，牢牢記住，洪武太祖龍興之地，爲朱安朱慶兩社，因以效法太祖驅逐胡元，光復大漢河山也。

『日月巍巍照玉壺』日月者，明也，巍巍者，重也，（讀如崇）照者映對也，玉壺者指胡人也，意即重大光明認定胡人爲我之對頭也。

六、安慶幫漕運之五利（確爲明朝遺老給糧船幫所另名之用意，暗中含有痛心亡國，追念祖先確有反清復明深意）

查安慶幫參加漕運，於復明大業，可以收事半功倍之效，其利有五：

㈠**借運糧之便**，可以聯絡長江運河上下游，水旱兩路，憂時志士，綠林豪俠，聲應氣求，起義時用資臂助

㈡行船之際，與陸地隔絕，祕謀私議，均得便宜行事，不虞洩漏。

㈢**清廷發覺江湖各地會黨，多屬明朝遺民所組織，隱含民族主義**，故順治初年下令嚴禁會黨活動，其聚衆在十人以上，有焚香結盟儀式者，爲首者斬立決，從者絞監候，脅從者配三千里，迨順治十七年正月，給事中楊雍建言「今之妄立社名，糾集盟誓者，所在多有，而江南的蘇州松江，浙江之杭嘉湖爲尤甚，請飭嚴禁。不

得安立社名，投刺往來，不許用社同盟字樣」。得旨嚴行禁止。於是江湖間各幫會，全形停頓，獨安慶幫於參加漕運後，對此諭旨之束縛，不解自脫，蓋重載粮船縴夫多至百餘人，少亦數十人行船挽縴，挨背擦肩，停船歇宿，羣居聚處，關於幫中命令之傳達，事體之集議，不必特加召集，雖行船時，輾轉傳告，千百人於短時間內，亦可立時遍知究竟。

㈣**偉大之民族革命事業，當前最要之事，首爲號召羣衆**，質言之，即足兵問題也。在滿淸嚴格限制之下，聚衆結盟，即足以罪，以言足兵：庸非難事？但安慶幫自參入漕運後水手縴夫，與各碼頭上，恃漕運爲活之勞苦羣衆，皆係幫內中堅份子，一朝有事，振臂一呼，千萬人可以立集，置船窩絞板而易之以兵，即爲樹義之師，故通漕有隱約之詞曰：『安慶幫有十萬八千嚎喪鬼，不打自叫，不叫自來』後人展閱至此，每不解所謂，實即指縴夫而言，挽縴時唱口號，即所謂不打自叫，開船鳴鑼即至，所謂不叫自來也，如是：則足兵問題，豈不迎刃而解乎？！

㈤**有兵無餉，不戰自潰，足兵之次，重在足食**。安慶幫掌握漕運全權後，日常所事，即爲運粮，事機成熟，各幫糧船，所運之糧，悉數扣提，則士飽馬騰，軍實不匱，足食問題，又可無虞矣。

有此五利，故安慶幫之深入漕運，對於復明大計，可收事半功倍之效也。

七、翁錢潘三祖與小爺之死

清廷下令，嚴禁會黨活動，尤於各會黨領袖人物，猜忌嚴刻，明令逮捕之外，乃至派遣刺客，用暗殺手段，以逞毒計。理教選領袖楊澄證祖師，則變姓名，而逃亡各地，以避凶鋒。安慶幫翁錢潘三祖及小爺，遂相繼死於非命。據通漕記載：翁錢二祖係赴口外哪王廟朝陸祖，經過八百里旱海，不知去向，傳爲仙去。潘祖則在黃河渡口，鳳林閘前，大風吹折船上桅杆，被砸身死。凡此不合理之傳說，皆諱言也，翁錢二祖之失蹤，或係清廷派人，乘二祖出遊之際，突以綁架手段，置之死地，而毀屍滅跡。潘祖之死，則確係船舶遇刺，而失其頭也。至於小爺之死，乃在翁錢二祖之後，潘祖之前，查小爺姓王上培下玉字藍田，河北省通縣人，隨侍潘祖多年，經翁錢二祖說項，即與潘祖爲徙，上過小香，而未上大香，，翁錢二祖失蹤後，潘祖時存戒心，每夜小爺即仗劍守護艙門，驚走刺客，已非一次，迨最後一次有警，小爺與刺客格門，受傷身死，潘祖痛悼非常，遂諭令每逢大香堂供俸小爺於香堂門外。通漕所載潘祖過方後，小爺披蔴掛孝，運柩回杭者，傷身死事，雖無可稽考，但通漕上於雙鳳幫船隻旗號之後，有蜈蚣嶺一段神話，係記述鳳凰與蜈蚣相鬥，蓋以隱約之詞，影射小爺與刺客相鬥，傷重致死之事，茲摘錄於次：

當初有一老堂船，桅杆旂上，用金線盤成彩鳳一對，受天地之靈氣，日月之精華，變化成形。每年運糧船行經蜈蚣嶺下，往往損壞船隻，傷人性命，人皆不知何故，適雙鳳旂船泊於該處，夜半忽有一蜈蚣精，來往水面作怪，二鳳一見，即下水相鬥，爲時甚久，始將蜈蚣精啄斃，二鳳亦死一隻，剩下一隻，此後雙鳳幫改爲單鳳吉祥，漕船行運，由蜈蚣嶺經過，平而無事矣。

八、香堂朝祖先朝小爺後朝王降祖之原因

查安慶幫香堂朝祖之次序，朝畢潘祖，即轉向門外朝小爺，朝畢小爺，再回身朝王降祖，幫中人對此情形，每多疑問，因小爺係未上小香之人，所謂一脚門裏，一脚門外者是也。王降祖則是潘祖之開山門徒，在文字班爲惟一之大師兄，若以朝祖次序論，在同班輩中，決無先朝未上香之師弟，後朝祖頂山門大師兄之理。而現在班中朝祖，竟居然先朝小爺，後朝王降祖，其故安在？殊難言之成理，小爺有救師護法之殊勛，於香堂門外受香煙供俸，故彼時朝祖次序，朝畢翁錢潘祖後即朝門

外小爺，香堂朝祖，小爺自不能以徒僭師，當然翁錢潘三祖依次朝畢，再朝小爺，比至王降祖過方時，中間相隔已有二十餘年之久，一因香堂上朝祖次序，業成習慣，二因小爺在香堂門外，受此香煙，係因受救師護法且孝敬師父，忠義無雙，爲幫中後輩所景仰，有此二因，故王降祖雖爲潘祖長徒，亦不得超之也。

九、小爺未上小香之正解

據通漕記載，小爺未上大香，係因潘祖過方之故。蓋小爺之未能上大香，並非因潘祖過方，遂不能爲小爺上大香，實因小爺自己身死，其大香自屬無上起也。試思潘祖過方之前，即已，不再收徒，蕭祖上玉下德（字隆山蘇州閶門裏人氏）即爲潘祖之關門徒，推而言之，夫小爺既然未上大香，而其過方，又在潘祖之後，則潘祖何以不爲小爺上大香，反收蕭祖爲關門徒，遂將山門關閉，按小爺並非惡劣之徒，潘祖決無故意將其擯諸門外之理。自此點觀之，小爺未上大香，爲其自身先死，迨無疑義。即以後來幫中規法而言，如果前人過方，未上香之徒，即不能再上，則安慶不絕後一語，又將何從索解乎？**蓋不上大香，即不能開山門，不開山門，即不能收徒**，不收徒豈非絕後，故幫中慣例，前人過方後，靈前孝祖，攷前孝祖，以及靈前開山門種種舉措，並不違反幫規原則，但須有相當條件爲之限制，即此未上香之徒，曾於其師生前，磕過記名頭，遞過門生帖，或已上過小香，然仍須取得三老四少之同意，始可舉行上大香。

十、安慶幫改名安清之沿革

翁錢潘三祖既皆不得其死，幫中人震駭非常，團結力量，頓形渙散，不過潘祖領幫時，已隱具規模，自有其潛勢力在，清廷一變其壓制之手段，而爲牢籠之策略，因乾隆帝下江南加入安親，得悉安親安慶之眞使命，遂改爲安清，否則以反動治罪故，彼時領幫各前人，不得不迎合意旨，虛與委蛇，遂宣稱安慶幫幫諱，實爲『安清』二字，組織意義，原爲大清效安邦定國匡漕護運之勞，但在幫內又恐深傳之後世，失却本眞，外表不能不忠於滿清，故於種種規矩儀注內，隱含反清復明，民族革命之意識，自表面視之，毫無破綻，必使後世徒衆，細加研討，始可瞭然眞諦，庶知前人之苦心，遇機努力，以完成三祖興漢遺志，茲將規矩儀注之含有種族革命意義者，明白引伸，分條敍述於次。

十一：安慶幫衣服之指示

安慶幫開香堂時，到堂參加一切人等，若有服著坎肩馬掛，及長袍外束腰帶者，均須脫解，未脫解之前，不准逕入香堂，違者以犯規論，因此裝束，皆胡服也，有髮辮者，進香堂，亦須將髮辮移置胸前，不准拖諸腦後，皆反清之意也。

安慶幫之暗號，在衣服方面，表示本人爲幫中人，須將長袍肩旁之鈕扣（第二個扣絆）解開，衣襟上尖角，折疊向內，衣袖袖口，挽起上半邊，此蓋象徵明代之大領衣式也。

十二：左三右四之眞諦與新解

安慶幫之暗號，在手式上之表示，係伸手見三，乃單伸左手，若兩手同伸，即爲左手伸三，右手伸四，此之謂左三右四，幫中對此種手式之解釋，一般傳說，皆謂此左三右四之涵意，乃係表示三老四少，祖師中有三老四少之說法，香堂口上亦有三老四少之說法，祖師上三老爲金羅陸三祖，四少爲王降祖（單名伊字降祥，浙江杭州西門裏人氏。係潘祖開山門第一徒）蕭祖（見前）王小爺（見前）姚祖（單字銓係潘祖香火船的當家）。究其實此種三老四少之說，全係假托之詞，按左三之舒指法，未開山門者，係將左手食指屈爲，而與大指合成環狀，中指，無名指，小指，直舒，開山門後，食指與大指之環，即行拆開，其意義，舒三指，爲表示三，屈食指成鉤狀，爲表示九，大指向手心間直出，爲表示一，一與九，合爲十九，蓋時時刻刻令汝不得忘三月十九日。實所以紀念大明亡國之日，因崇禎帝，以甲申年三月十九日，縊死煤山故也。未開山門時。大指食指，合成環狀，爲團結互助，迨至開山門，已成安慶幫中堅份子，即可以渡道收徒，對於幫中一切，已有深刻之認識，此種重要掌故，不容再祕矣。右手伸四，其舒法，係右手大指拳曲，餘四指直舒，然後將四指拳曲，大指伸出，再將大指拳曲，四指伸出，意即紀念吳三桂於四月十四日，引清兵入關，助剿流寇，以致演成引狼入室之局也。嗚呼！弘光覆國，實基於史閣部之敗，亦即乙酉年四月十四日也，白洋敗退，始守揚州。）

按崇禎甲申年三月初一日，爲已丑，十九日爲丁未，三月小建，四月初一爲戊午，十四日爲辛未，即吳三桂派副將楊坤，請清兵入關靖難之日也，但據東華錄之記載係：

順治元年（即崇禎十七年）四月壬申，睿親王師次翁後，明平西伯吳三桂，遣副將楊坤等，自山海關來致書……云云查壬申，乃四月十五日，則安慶幫之右手伸四，改伸一，再伸四，代表四月十四日，豈非相差一日呼？不知東華錄（湘源蔣夢麒著東華錄序云，乾隆三十年十月，重開國史館於東華門外稍北。云云故命名）所記三桂請兵日期，係楊坤等到達清多爾袞大營之日，故書曰……遣副將楊坤等，自山海關來，若考其啓程之日，則確爲四月十四日也。茲將甲申年三四兩月，逐日的干支列後，以清眉目，而爲閱史之助。

⑦

三月（小建凡二十九日）

己丑　初一日

庚寅　初二日

辛卯　初三日

壬辰　初四日

癸巳　初五日

甲午　初六日

乙未　初七日

丙申　初八日

丁酉　初九日

戊戌　初十日

己亥　十一日

庚子　十二日

辛丑　十三日

壬寅　十四日

癸卯　十五日

甲辰　十六日

乙巳　十七日

丙午　十八日

丁未　十九日　崇禎帝殉國明亡

戊申　二十日

己酉　二十一日

庚戌　二十二日　李自成稱帝，國號大順，改元永昌。

辛亥　二十三日

壬子　二十四日

癸丑　二十五日

甲寅　二十六日

乙卯　二十七日

內辰　二十八日

丁巳　二十九日

四月（大建凡三十日）

戊午 初一日

己未 初二日

庚申 初三日

辛酉 初四日

壬戌 初五日

癸亥 初六日

甲子 初七日

乙丑 初八日

丙寅 初九日

丁卯 初十日

戊辰 十一日

己巳 十二日

庚午 十三日

辛未 十四日 吳三桂派副將楊坤，自山海關賫書，迎請清兵。

壬申　十五日　楊坦到達後清兵大營，謁多爾袞。

癸酉　十六日　多爾袞師次西拉搭拉，復吳三桂書，允發兵入關。

甲戌　十七日

乙亥　十八日

丙子　十九日

丁丑　二十日　多爾袞師次連山。

戊寅　二十一日　多爾袞駐兵山海關，十里外，一片石，遇賊將唐通數百騎，擊敗之。

已卯　二十二日　清兵至山海關，吳三桂出迎，多爾袞命三桂兵，以白布飾肩爲號，先行，遂入關，時李自成率馬步兵二十餘萬，自北山橫亘至海，列陣以待，是日大風迅速作，塵沙蔽天，清兵少，不能橫列及海，多爾袞令向海列陣，三桂分兵，列於右翼之末，諸軍齊追風遂止，大敗賊兵，追殺四十餘里，賊遁走燕京，獲駝馬緞幣無算，是日進吳三桂爵平西王，賜玉帶，蟒袍、貂裘、鞍馬、玲瓏撒袋、弓矢等物、令山海關城內軍人，各薙髮，以馬步兵一萬，隸平西王，隨攝政王趨燕京，追殺流賊，誓諭諸將，勿殺無辜，勿掠財物，勿焚廬舍，不如約者罪之，乃曉諭官民，以取殘除暴，共享太平之意。

庚辛　二十三日

辛巳　二十四日

壬午　二十五日　清多爾袞師次撫寧。

癸未　二十六日　清兵師次昌黎。

甲申　二十七日　闖賊勉強登極受賀，清兵師次灤州。

乙酉　二十八日　清多爾袞師次開平衞。

丙戌　二十九日　清多爾袞師次玉田。

丁亥　三十日　多爾袞師次羅公店，闖賊西遁，令諸王貝勒等，率兵急追擊之。

幫中作手勢，單伸左手時爲多，左三右四。同時動作，則爲行禮壓手按膝時用之，左三右四，合之爲七，右手大指爲十，兩手交壓，其意爲紀念明太祖至弘光帝十七代皇帝，左手拳起之大指食指，爲紀念建號隆武之唐王，與建號永歷之桂王，在滿清控制之下，此種意義，何能輕易告人？自不得不以三老四少假託之詞，以爲掩飾之計，現在時代變遷、環境改易，幫中老少，當知三老四少之說，在彼時爲掩飾之詞，已屬十分勉强。

況光復大業，已經完滿達到，即左三右四之眞正意旨，亦成過去之陳跡，而完成此偉大會事業之人，即

國父孫中山先生，其顚覆滿清，建國圖强之救國主義，即　先生手創之三民主義，故現時我幫左手伸三，應改稱爲努力奉行。總理遺教之三民主義。委員長提倡新生活運動，變易管子之言曰：『禮義廉恥。國之四維，四維既張，國乃復興』。我幫中右手伸四，應改稱爲須在我最高領袖領導之下，致力於四維興國之新生活運動，固不必斤斤於三老四少間也。至於兩手交壓，其數爲七，又爲七七事變，提高警覺之絕好材料也。

十三：藏頭露尾亦假亦眞之索隱

普通社會上一般人，自詡好漢子好朋友者，莫不相翹大指，安慶幫中口號，亦有『英雄好漢出幫中』之語，左三右四之舒指法，何以不設法使大指舒出，反偏將大指全行拳起，不知此種舒法，正所以表示安慶幫改名爲安淸幫者，實爲藏頭露尾之舉

也，又如通漕有曰：『安慶幫說眞就眞說假就假』，試思天下事物，皆爲一理，眞始爲眞，假終是假，何能說眞就眞，說假就假，但安慶幫確確實實說眞亦可，說假亦可，因其名爲安淸幫，意係爲大淸安邦定國，護運匡漕，顧名思義，是說眞即眞矣，但究其內容，實爲反淸復明，是又說假即假矣，藏頭露尾之說，即此是也。

十四：左善右惡之正誤

香堂朝祖，與見師行禮，下跪時，應以兩手按膝，仍須左三右四，但係以左手壓右手，未開山門者、叩頭時兩手前撲，亦以左手壓右手，手背向上，頭磕在手背上，此種儀注，幫中解說，係傳左手爲善手，右手爲惡手，左壓右，爲以善壓惡，嗚呼！噫嘻！怪哉此說也！夫右手何罪，而强名之曰惡、左手何德，而妄賜之曰善，吾恐稍具頭腦者，一聆此言，當知其詞之遁也。誠以人生兩手，何能强分善惡，縱令定其善惡，首先應就其對於人生之功用而言，則寫字執筆用右手，就餐持著用右手。一切處理事務，皆用右手，右手功用、實較左手爲多，則右手當稱爲善手矣，豈有反以惡手名之之理乎？吾知其眞正意義，決不如此。蓋因夷狄尚左，胡人亦尚左，孔子曰：「**微管仲，吾其披髮左衽矣**」。披髮左衽者，任髮亂紛紛，而不束於頂，所著之衣，爲左大襟，此蓋夷狄之生活狀態也，意謂若非管仲佐桓公，尊周攘夷，則王室衰滅，吾（孔子自稱）亦將變爲夷狄之人矣！足徵夷人之尚左也。考中國尚右，自古已然，滿清入關之後，始改以左方爲上方，中國文字，橫書時，皆自右而左，獨滿州文、蒙古文，與歐西文字相等，則皆自左而右也、中國文士。每喜以格言書懸座次，乃必懸於右，稱之曰「**座右銘**」，蓋不聞有座左銘也。三代而下，歷朝史書記載官吏貶官，則書某年月日某某左遷某官，謂其在朝堂上所列之班次，向左移動矣，紀陞級者，則曰右轉，是以足見中國之重右輕左也，安慶幫中之以左壓右，係使吾人永遠不忘，受左方壓迫之恥辱，實爲紀念國仇國恥之故耳，翻手時即變爲右手壓左手，是扭轉乾坤，重光日月矣。

十五：安慶幫進會之步驟

安慶幫之進會步驟，計共分爲四層半，第一步爲「**磕記名頭**」，此時僅知投拜之師爲誰耳，一切規矩術語，全屬茫然，第二步爲「**上小香**」（踏根禮）小香上過之後，此時已知本命幫頭三代，及引進幫頭三代，對於一切規矩儀注，略知大概矣，半步爲三天「**認家禮**」，第三步爲「**上大香**」，大香上過後，對於安慶幫一切內

上大桅杆繞起，（安慶分幫不分家，義氣不散，即在此一根繩上）查考各幫上大香人數，合上大香，每年僅此一個機會，可以上大香進家，（在幫又稱進家）故曰進家一年（一年只開一次大香，其愼重可知）不像現在，隨隨便便，馬馬虎虎很草率的就開大香，非但隔幫調衛沒有，則進傳道也缺，搞的是一師堂弄的是一言堂，完全失却當初祖師爺創幫之本意。

㈡五爐六蠟之重視與接駕爐重量之含義

新進會者，上大香時，例由傳道師（水碼頭進會時，稱船跳師）慈悲大香堂供桌上款式，諄諄囑告，切須記著五爐六蠟與接駕爐之重量，其實大香堂供桌上之爐，計共七個，五爐之外，尚有五字抱頭香之爐，與接駕之檀香爐，三對蠟共六支，旱碼頭進會，無所謂香火船，以紅絨繩代表繂繩，將七個爐六支蠟，逐個盤繞聯絡之。謂與水碼頭進會時，以繂繩繞香火船大桅杆相等，究其實，水碼頭進會時，香堂供桌供奉繂繩，亦係將繂繩盤繞爐蠟之重量，無論所用之爐，或大或小，香堂上慈悲，說及爐之重量，皆爲二斤十三兩五錢四分九厘八毫，係暗指南北二京，天下十三省，五湖，四海，九江，八河，（註）蓋亦象徵明代版圖，意在暗示後世徒衆，應力圖恢復大漢河山驅滿清於域外，故諄諄告勉，務使不忘，實則幫運隆昌時，正當清雍乾時代，天下早非十三省矣，仍稱十三省者，固有不能告人之隱痛在焉，或亦不忘漢域之意也。

（**註**）南北二京：北京（北平）、南京

天下十三省：直隸、山東、江蘇、浙江、河南、湖南、安徽、山西、福建、雲南、貴州、江西、湖北

五湖、鄱陽湖、青草湖、丹陽湖、洞庭湖、太湖。

四海：東海、南海、西海、北海。

九江：浙江、閩江、珠江、灘江、沱江、潯陽江、白龍江、吳淞江、贛江。

八河：永濟河、大清河、白洋河、會通河、惠濟河、薊運河、永定河、大汶河。

義氣千秋與忠氣千秋

我清幫在乾隆年間最為興旺，共有一二八幫半，勢力極大，但清幫有反清復明因子存在，清廷甚為忌憚，不斷地派員監視，例如開香堂收徒，需有駐防旗營派員在場，此時幫內以義氣千秋凝聚團體。

一八一五年嘉慶二十年蘇州同知齊彥奏請朝廷，漕運由河運改為海運。在一八二六年道光六年時，江蘇巡撫陶澍奏准，清廷正式試行海運，將原由運河的江蘇、蘇州、鎮江、太倉等地的漕糧委請外國輪船由上海通運天津。

漕運真正開始式微，是一八二八年道光六年，清廷更統一漕運事權，在上海設海運總局，並於天津設立分局，同時運送蘇州、松江等五府漕糧一六〇萬石進京，回程則載大豆南下，但此時浙江、安徽、江西、湖北、湖南漕糧仍由運河北上。

一八五三年咸豐三年八月初五，小刀會首領劉麗川在點春堂起兵佔領上海，直到咸豐五年五月才棄守，更由於太平軍起，清廷責令太常寺卿雷以誠在揚州辦團練，並對行經運河的船課以釐金以應軍需。

前面述及清幫有反清復明因子，所以在太平天國起事時，眾多清幫帶船投靠加，入太平軍，當太平天國在一八五三年打到南京（舊稱金陵），原本太平軍並沒有水軍，但因清幫的加入，突然多出了不少水軍，太平軍攻下南京，改名天京。所以當太平天國被平定時，清廷順勢裁減漕運，漕運經過海運及太平天國戰亂等諸多因素的影響，不但停了四十餘年甚至幫幫斷香，直至一八八六年光緒十二年再起漕運時，已不復當年之規模，此時僅覓得十八幫糧船。

光緒二十六年（一九〇〇年）庚子年，發生了震驚中外的義和團運動，拳匪作亂，八國聯軍進入北京，直隸總督裕祿上奏稱，因日軍將租界老龍頭浮橋封釘，派兵駐守，致使剝船（駁船）不能越渡。

加上海運不通，糧食立即發生大問題，清廷又重新規定，戰局既開，宜籌糧食，命兩江總督劉坤一在清江浦設轉運局，並委派前福建興泉永道惲祖祁採買各處糧食，由內地水陸分運到京，所需腳費准作正常開銷。

正當此時，慈禧太后與光緒皇帝正遠避西安，逃難之際亦逢糧食不足問題。自從漕運不興，海運大開後，我清幫僅存十八幫，在八國聯軍侵我中華國家民族危難之際安親改以忠義千秋效忠朝廷，以抗外敵，清廷依靠清幫之協助，得以苟存。

光緒皇帝降旨：「將十八幫糧米送西安，半交臨清收糴民食」。當時由首幫江淮泗接旨，奉讀聖旨後，招集各幫公議此事。但各幫都表示：「西安水路生疏，難以行運。」

此時惟有興武四、興武六、嘉白、嘉海衛、杭三等五幫，平日與江淮泗往來最密切，都表示現有聖旨在，恐怕接旨的江淮泗幫為難，在此國難當頭之際，外國老毛子欺到頭上，亡國滅種危機之時，助清廷抗外侮為首要，反清在此時卻是次要，就一同前往參議西運之事。

隔日討論完畢，當天即開始西運，不到幾日，即至西安卸糧交糧。不到數日，光緒帝降旨迴鑾，命令將所有貴重陳設等物，由糧船運京，一路平安，至京交卸覆旨。

因此典故，清幫忠義精神，忠乃忠於國，忠於家，忠於民族大義矣！在國家即將被八國聯軍瓜分，有亡國滅種危機，國將不在為國之際，清幫基於忠於國家民族大義，而不再執著於反清復明之文字所限。故改「義氣千秋」為「忠義千秋」。

清幫行漕江瑚之際，幫人故世，移靈於有裝飾之香火船上，稱之「過舫」，此為水碼頭之規矩。若在陸地往生，則移於香堂，旱碼頭孝祖亦準此辦理，謂之「過坊」也，諧音為「過方」特此略述之。總之「過舫」「過坊」「過方」皆為故世也。

天地國親師

弱國之臣寒士之妻各安其正而已苟擇勢相從則惡之大者

右錄先賢程頤先生遺教

介忱賢契紀念 張樹聲

仁義禮智信

張樹聲先生遺像

（1877～1949）

張樹聲（峻老）對民族與國家十大功績

一：民國元年　灤州起義響應革命
二：民國四年　反對袁世凱稱帝
三：民國十六年勸導張學良歸順中央促成全國統一
四：民國十九年苦諫馮玉祥服從中央消弭內戰
五：抗戰期間籌組人民動員委員會，號召道義社團支應政府抗戰，鼓勵民衆擔任敵後情報，破壞游擊並協助政府徵兵，從事軍工建設。
六：抗戰期間普門開放，廣結善緣，倡導忠義民族精神，興旺安親。
七：抗戰期間，發動忠義獻機運動。
八：民國卅五年宣佈民間道義社團擁護政府的赤忱。
九：民國卅七年政府實施憲政，赤誠擁戴領袖。
十：憂傷國事，臨逝猶寄語後人，效忠國家，爲三民主義奮鬥。

故國大代表，清門興武六大字班前人

張樹聲老先生傳略

張先生諱樹聲、字峻潔、號太聰。河北滄州人氏，生於民前卅五年農曆三月十五日。自幼聰穎敏異，束髮就學私塾，習讀經史古文，下筆爲文，語驚耆宿鄉賢。老先生秉燕趙男兒慷慨之豪氣，每次讀到歷史，對於古代名將之偉略，與豪俠志士之高義，油然嚮往，欽羨不已。

湘軍崛起，文人治兵；儒生從戎，頓成風氣。清季編練新軍，採用西洋軍制，於南北兩洋設立將弁武備幹部學校及講武堂，培育軍事人才。

甲午戰後，峻老目擊時艱，爲禦外侮乃毅然投筆從戎，在北洋官弁班騎科畢業之後，被分發到第五鎮（師）馬五標（騎兵第五團）充任排長；不久調第二十鎮（師）張紹曾部擔任馬隊隊官（騎兵連長）。與張振揚，張之江幷稱馬隊三傑。

遜清末年，朝政顢頇，外侮日亟。有志之士，深以爲憂。唯峻老自幼熟讀經史，對明末遺老顧亭林，黃梨洲先賢大儒之遺者，尤多涉獵，一向孕育家國興亡匹有責，與捨我其誰，當仁不讓的民族革命思想。行伍之中，又時與袍澤研討明賢遺著，並在十八標（團）創設讀書會，藉此契合同志，宣導革命思想。

辛亥前一年（一九一〇），峻老更參加同盟會，積極從事革命準備。

武昌起義時，張紹曾已與革命軍取得默契，故在奉清廷詔命南下增援時，師次灤州時，按兵不動。且發出通電十九條，力主立憲。使當時原定南下武昌之清兵，王懷慶所率淮軍四十營及第三鎮（師）不敢行動，轉過來監視張紹曾所部，且暗中賄賂張部某營叛離，事為峻老發覺，立由灤郊駐地，親率輕騎，救張脫險，另作部署。於是清廷對二十餘鎮（師）新軍俱不放心，不敢有所派調，終於坐失南下之機。灤州起義，雖功成垂敗，但聲勢已震驚天下，從此南北各省，相繼嚮應革命。在當時革命情勢中，實為成敗緊要關鍵，所謂大風起於蘋末，聲勢孕於無形，天下大局之轉捩，往往隱而不張。峻老救張之功，直接繫乎革命之興衰，未可沒世。

民國成立之後，張紹曾被派任綏遠都統，邀約峻老擔任征蒙東路軍趙守鈺部之參謀長。

民四袁世凱僭謀稱帝，以籌安會廣探各方態度。峻老公開反對，致被羈於北平陸軍監獄八十三日。俟袁氏殞命，始獲釋放，其剛毅正直不畏權勢與浩然正氣之秉性可以概見。

不久峻老被調到十六混成旅馮玉祥部擔任騎兵團長，後又轉任旅參謀長。民國七年駐軍武穴時，部隊將入江西，某日所部某團長由田家鎮半壁山前線偵察地形回來，欲向峻老報告敵情，適值峻老午睡，催促急迫，但峻老不以爲意，依然高臥如故，某團長不得已乃高聲謂：參謀長不應對緊急戰情不聞不問，悻悻然的離開。峻老起床之後，對來訪的石敬亭先生曰：「此公何必如此急燥？」等到事後，某團長乃心悅誠服，蓋峻老早已料定敵軍不敢作戰而欲求和。所謂決勝千里，料敵如神，若非卓異之學養識見，焉能如此從容不迫。石敬亭後每告人：「峻潔誠異人也！」

民國十三年，奉直戰起，張作霖遣使入關，遊說各方。以峻老曾去東北遊歷，乃至北平拜訪，並堅邀峻老出關。峻老乃代表西北軍方面返東北報聘。及見到張作霖閒談之餘，峻老道：

「以前聽人說大帥早年馳騁白山、黑水之間，聲威海內外震驚，都以爲大帥必是虎頭燕頷，虬髯紮稜，叱咤風雲的人物，今天得以見面，看到大師溫文儒雅，恂恂若漢之留侯張良的風範氣度，不愧是當今的眞正英雄」。張作霖聞言先是愕然，繼而大笑，改容前席，緊握峻老手曰：「君吾生平知己也！」立傳備酒，尊峻老上坐，盡數日之歡，禮遇尤隆，殷勤款待。可見峻老縱橫捭闔機智過人之一斑。

民國十五年，直奉因利修好，聯手進攻馮玉祥的西北軍，兵逼北平之際。此時峻老任騎兵師長，聞警立加戒備，爲弭戰禍，星夜率全軍撤出南口，及至奉軍入城，不見西北軍蹤跡。此役，峻老轉進之神速，動作之機敏，軍事家無不稱道。事後亦從不聞峻老提及，但西北軍者舊躬逢斯役者，如石敬亭，孫仿魯（連仲）等，莫不盛讚峻老擘劃周詳，以弭戰端之卓行，前人風範雅量及見識卓見，誠非常人所及。

民國成立以來，軍閥割據，內戰頻仍，北方局勢尤其撲朔迷離。峻老仍一本初衷追隨　國父從事革命，至誠服膺三民主義。民國十四年以後，乃寄望先總統　蔣公之北伐統一全國大業。峻老時以四方擾攘爲憂，深知「北方靖則中原定，中原定則天下安。」的至理，故凡西北情勢與中央有關者，莫不竭盡忠智，奔走斡旋，冀望爲　蔣公分憂於萬一，但對於自身利害，則置之度外，其間雖數遭困危，但從未有所更易。

民國十五年，峻老時任西北軍邊防幫辦，當時綏遠包頭綠林頭目榮三點，時常侵擾邊境，峻老親往勸撫，榮三點亦慷慨重義，欽仰峻老之爲人，乃單騎隨峻老回張家口，欲將所屬接受編點，不料到了張家口即爲馮玉祥誘走處死，峻老營救不及，大哭暈厥，搥胸頓足，悔恨自己大意害友，對馮玉祥之作爲甚不諒解。

民國十六年，國民革命軍北伐，峻老勸導張學良嚮應，爲馮玉祥發覺，乃將峻老囚禁在鄭州軍法處，關了好幾個月禁閉，出來以後北伐完成全國已統一，峻老仍堅拒馮玉祥的婉留，毅然脫離軍旅，置中將總參議的名位如敝屣。

峻老昔游山海關外，嘗見日人於戰勝俄國後，在東北三省驕橫氣燄，喟然嘆曰：「日人志在東北矣，他日必有事。」後果有九一八之變。日人得寸進尺，干擾華北，並圖攫冀東，峻老感慨故鄉之寇氣日熾。北望興嘆。先是東北未易幟時，峻老以張學良觀望猶豫，恐與日人以可乘之機，輾轉遊說張學良曉以大義，勸早歸向國民政府，完成統一。嫉　峻老者，以此幾致之於危。嗣中央遣使出關，易幟順利成功，耕耘之勞苦若可徵已。

民國十七年，峻老在南京擔任中央國術館副館長，半生戎馬，至此稍得安定，閒暇休息之際，專研易經及儒道各家身心性命之學，就便遊覽首都名勝古蹟，但南北俠林，隱儒，名士，慕名請謁者戶限爲穿。會全國國術比賽大會，在京舉行，海內外奇人俠士一時雲集，對峻老布衣而爲天下重，仗義行剛，卓然有守的豪傑風範，欽佩不已。民國十九年，馮玉祥與閻錫山稱兵作亂，峻老苦諫不聽，往返南京開封之間，冀圖化解兵戎相見干戈流血的情事，不料執迷不悟的馮玉祥，獨行其事的將峻老囚禁獄中，以致中原大戰失却調人，終於發生，此誠然可悲可痛之事。峻老身陷囹圄，有志難伸，其身心所受之創傷可想而知！

民國廿六年七月七日，蘆溝橋挑起了八年的對日本抗侮戰爭。政府經武漢入川，以重慶爲陪都，從事以時間換取空間的長期抗戰，爲配合政府的既定戰略，如何動員全國人力物力財力，爲維繫民族的持續，國家的存亡努力，峻老乃與李福林、杜月笙、田得勝、楊慶山、向松坡、韋永誠、張鈁、樊崧甫、潘子欣、徐爲彬等人在重慶，組織「人民動員委員會」全力支持政府的抗戰工作，諸如推動兵役、發動游擊作戰、募款獻機等，成績特爲卓著，效果尤其恢宏。當募款獻機時，峻老登高一呼，首倡忠義獻機運動，發動門生弟子爭先捐購飛機壹百貳拾架之多，其中由龍純曾將軍經手捐獻八十架，帥學富將軍經手捐獻了廿架，另外貴陽、成都、重慶三地的門生捐了廿架，當時，在重慶珊瑚壩峻老主持獻機典禮，盛況空前，此舉對激勵民心士氣，厥功至偉。

抗戰初期，日軍攻勢甚猛，北方各省先後淪陷，京滬相繼撤守，日人每至一處，即成立傀儡組織，各地民衆，敵愾同仇，義不附賊，峻老精研往史，認爲吾國傳統之民族精神，蘊蓄至厚，每遇外侮，正氣乃益彰。陷區人民，處無可奈何之境，決無甘心從賊之理。只須由此着眼號召，必能一呼百應，千方百計，打擊敵人。而山林湖海之士，潛力尤大，發揮民族精神，莫如動員民間固有道義結合之力量，蓋以道義相交而成者，聚則汹湧壯觀，退藏則隱於無形，平時相見款洽有似禪宗問答；機鋒微妙，此中人語殆不足爲外人道。峻老遍游南北，足迹半天下，深識民情風土，對各固有道義社團組合之淵源素所諗悉。念自清室入據中原，當時遺賢，心存漢業，志在「反清復明」，有志之士或則聚據山嶽，建立武力；或散佈湖海川澤之間，及通都大邑市井之內，潛伏待機；久之聲氣互通，演變而成爲各種道義社團。說者漫謂九流三敎中恒多異人奇事，殊不知忠義節烈市隱游俠，固溷迹於九流，以避清室之嚴酷網罟，從事革命。今當國家危難之際，凡有血氣，莫不忠勇奮發。倘策動三百年來先民遺澤所及之士，促而組織之，其潛力之强大，可斷言也。

人民動員委員會賢豪重視峻老之議，採擇運用，甚收發縱指使之效。一時如各地游擊隊別動隊等効力政府者，爲數日多。其後日軍小隊，不敢出城，即其徵也，當時凡從事於敵後陷區者，多造請於　峻老之門，峻老知無不言，言無不盡。復手訂「民族精神」「民族之光」等篇，面命口授，凡秘密運用之妙，必使受者口誦心維默記於胸，以防宣泄。尤特伸忠貞之教，以堅其志，使忠義涵潤，永矢勿諼，期於冒險犯難之際，不爲威武所屈、富貴所淫，以符　領袖蔣公平時昭示「不成功則成仁」之訓示。故凡及　峻老之門，其尊師重道歷久不衰。此種道義相尚之結合，其精神，紀律至嚴；背義之徒，一經通傳，劣聲不脛而走，永見絕於士類，故不虞其逾越也。

先民有言：「古今驚天地泣鬼神之事，匹夫匹婦或有餘，聖人賢人或不足。」世以爲詼奇之士，語雜九流，缺乏劍佩壺觴之雅，豈盡然哉？

民族精神一書　峻老之序曰：「俠之爲言平也！「平性」動而愛力生；「平性」即吾人之眞情，愛力吾人謂之爲熱腸，而繼之以無畏。路見不平，拔刀相助，即眞情流露以大無畏之精神，而「平」之謂也。擴而充之，富貴不能動吾之心志，威武不能屈吾之氣節。今敵人侵吾國土，殺吾父老昆弟，辱我諸姑姊妹，神州黯然。吾人正當奮我無畏精神，以與敵戰！中山先生革命，以大無畏精神相昭示，其義正同。」

又曰：「中庸有言「喜怒哀樂之本未發謂之中，發而皆中節謂之和。致中和，天地位焉，萬物育焉」蓋此無畏精神本諸浩然之氣，求其動定中節，寸步宮商，又必先求乎道，故先儒講道，先乎正心誠意，格物致知以修其身，乃至齊家治國平天下。儻此命之學，一旦豁然貫通，則一切皆通，而其人也，必能「言忠信，行篤敬」矣，孔子曰「斯蠻陌之邦行矣。」儻吾人所習斯道，小言之，從此走遍天下，到處是家，無親有親，無故有故，無衣食得衣食，世人只知江湖浪迹，到處逢迎，隨緣去往，詎其中或別有玄虛，殊不知「得道多助」之果也。

又曰：「李二曲先生云：「人爲天地心，當盡性。」」，顏習齋先生云「人須存性，尤須盡性」，顧亭林先生云「天下興亡，匹夫有責」，即是外儒內俠，能修儒家性命之道，而後乃知「天下興亡匹夫有責」，今逢全面抗戰，國家民族瀕危難之際，人正宜本乎平性而發爲眞情，由熱腸而發爲大無畏精神，以肩負救國家拯民族之責也。」

峻老又云：「少時，嘗怪清室康熙雍正兩朝，以政治軍事之力鞭笞海內，爲所欲爲，獨於人民集會結社，畏若蛇蠍，一有所聞，爲之談虎色變。律令燒香拜盟之禁，至與唐律「採生折割」同科，官衙口訣、車、船、店、脚、牙、無罪也該殺，其嚴酷之防，歷百數十年而不稍懈，究何故歟？及讀明季諸遺賢之書，涉獵湖海之迹，始悟清廷之所以如此者，蓋怯於明遺賢「反淸復明」之革命運動耳。司馬遷序史，引韓非之語，「儒以文亂法，俠以武犯禁」，乃知中國秘密結社之迹，早孕育於儒俠之風，亦即見統治者之乖方作不平之鳴而有以致之者也。中山先生倡導革命首創興中會，亦蓋基於是理。抑有進者，叔季之世，宗法社會，已漸淪替，團結之力，浸于式微。豪傑之士，有志於民族運動者，鑒於策動一宗一族之不易，不得不約集同志誓爲昆弟，結爲一體，各民族之所以能團結自拔者，亦賴乎此。今日人入寇國土，大軍正在浴血抗戰，吾人當秉此民族精神，發爲大無畏力量，以驅除醜虜光復山河，匹夫匹婦路見不平，尚且拔刀相助，今國家民族生死之所遭，其不平孰大於此，吾人其勉之哉！

民國三十五年，復員未久，共匪對我政府及民間之破壞手段，無所不用其極，鑒於中國社會民間固有道義社團（淸、洪），具有三百年來民族忠義精神之悠久歷史，潛力普通，素對共產主義如水火之不相容。因此借詞搆陷，危言中傷，謂此類社團將另組織政黨，期以炫惑朝野視聽。峻老洞燭妖形，爰應中央通訊社之請，發表談話。謂「民間道義社團，原係發揚明季先賢遺志，以廣泛潛在力量協助政府致力於民族之復興獨立；純爲一純粹友誼義氣結合。「不得另立門戶組織政黨」之誡，早爲共同信守，決不容許任何人假借任何名義作私人打算，從事政治活動。本人自加入同盟會，追隨　國父孫中山先生，只知服膺三民主義，擁護中國國民黨。擁護　蔣主席，不知其他。奸人之言，不値一駁！」峻老既表示光明態度，謠言頓告平息，蓋海內外道義社團對　峻老素所崇敬，當時談話，實無異代表性之約章。一言九鼎，其斯謂之！

三十六年，　總統蔣公，時任國府主席。以對外戰爭，既告結束，應即集合羣力，重建國家。乃召開國民大會，制定憲法，詎料奸匪存心破壞，誹言四播阻撓多方。峻老時以國民大會代表身份在京，對奸匪邪惡禍國，至爲憤慨，於召開大會前廣結善緣，弘揚道法，宣導忠義救國。大會召開時，更倡言矢誠擁護　蔣公主張，不辭辛勞奔走呼號爭取各界支持。終於排除萬難，於卅七年三月舉行第一次國民大會，選舉　蔣公爲中華民國憲法實施之第一任總統。但共匪竊國之陰謀有加無已，於東北憑藉寇力，爲虎作倀，發動戰事，浸漸入關以至華北，騷亂至廣。治徐蚌會戰後，欲挾勢渡江而南，一面散播流言，肆爲離間，局勢益形動盪，峻老於是又隨政府疏散至渝州，臨行曰：「從此天下又將大亂矣！爲之奈何。」及抵重慶，雖舊地重游，故雨相逢，有巴山夜雨，剪燭西窗，朋簪文讌之雅；然目擊時艱，居恒悄然寡歡。及聞 總統蔣公退居奉化，憂愁鬱怫，爲生平所未有。於是觸發舊疾，臥病重慶寬仁醫院二樓二〇九室，杜陵滄江，歲晚之悲，不啻爲斯時詠也。各方聞知峻老臥床，爭向省視，名醫自動爲之診治，無如憂傷在心，沉哀蝕骨，終竟不起。彌留語左右曰：「共匪猖狂若此，不知伊於胡底？余以衰病，此生恐不及見天下之承平，與民生之康樂，望諸君各本所學，各出所長，爲三民主義而奮鬥，擁護 蔣總統領導全民以消滅共匪，旋轉乾坤，余願斯足！」旋反覆喃誦陸放翁「但悲不見九州同」之句，終於在民國卅八年國曆九月十七日，溘然遽逝。蓋棺之頃遺容奕奕如生，祥光朗耀，蓋得道之徵也。海內悲峻老之逝，知與不知，唁書紛至，重慶市長楊子惠（森）先生，以地方長官親爲主持後事，開會追悼，弔者絡繹不絕，停靈歷四十九日。西南各省僻遠之縣亦均有代表來渝致祭。舉殯之日，執紼者自上清寺殯宮以迄墓地，香國寺張家花園，行列綿亙十餘里，素車白馬，達十萬人，途爲之塞。比戶拈香路祭，行人戚然肅立，身後哀榮，見者謂近若千年所未有也。峻老豈不懿哉，既葬，門生故舊，皆服心喪自動更番居廬守墓，有瞻顧唏噓，徘徊不能去者。噫！峻老行誼之感人，乃若是之深且廣哉！歲月推遷，倏屆峻老一百一十一歲誕辰，其門生故舊之在台灣者，曾於其百歲誕辰時不能抑其欽慕之私，思有以紀念潛德幽光，羣議私諡曰貞景先生，並叙其生平傳略，冀採風者，可得而存儲史乘，昭示來茲。

峻老清剛拔俗，一身之外無長物。然喜以書自隨，平生手不釋卷，治學之劬，數十年如一日。從無急言遽色，靄靄然有仁者之風。昔峻老居重慶時，門人討請慈悲之餘，窺見所作箚記，請爲梓行，不意峻老撚鬚微笑，頷之而已，身後門人撿遺篋，得讀書箚記若干卷，其中以讀明賢黃顧諸集，心得最多，於老莊之說亦甚精闢，一時未及整理付梓。大陸淪陷，文獻蕩然，峻老手澤殊難卜其存否？惟冀鬼神呵護，免付劫灰耳，現　峻老辭世雖已四十載，但遺風廣被，淵源流長，典範永垂，其諄諄以「忠義」訓誨國人之精神，與發揚禮義廉恥之夙願，吾人忝列門牆，當有「承先啓後」與「捨我其誰」的擔當，以及使命責任感，在摒除私心、妬忌心、偏心，下以無私、無我坦誠團結的互助，有理想、有步驟、有組織的結合起來實踐　峻老未竟忠義報國的心願。

中國民族精神鑄魂歌

張樹聲　謹識

君不見撼山河，冲牛斗，叱咤風雲，一當千，舉世震驚，怒獅吼。又不見古城要隘淪爲墟，肉作彈兮，臂當車。百萬將士拚一死，百萬頭顱築一壘。砲火猛，寇入深，憑我支撐宇宙心，核心何所麗，惟此大俠魂，能把乾坤繫。溯我黃祖建國五千春，陶冶民族俠佔先，無俠慷慨少，有俠忠勇全，如今高唱鐵與血，有俠血飛花，無俠鐵自鐵。愛當愛，平不平，公憤當前俠自生，唐睢挺劍起，相如睨壁橫，單身投虎口，一怒空殿楹。更有侯嬴潔身隱，夷門奇計報信陵。蕭蕭易水有荊軻，田光薦之復自刎。借問兩翁何所爲，方知重俠輕微身！一魂一叟鑄一代，代有俠人魂未孤。噫嘻乎！黃帝逝兮魂不歸，天下滔滔兮百魔圍，我將大呼魂重鑄。應滌心腸習淡素，堯居茅茨舜土階，禹懷餓溺弗內顧。悽悽孔與墨，一甘頂踵，一南北，席不暖兮，黔不突，弭侵略兮貶亂賊。悉從俠骨抱艱辛，一念眞情百念新，萬古千秋炳日月，願我黃帝子孫盡作鑄魂人。

民族精神　自序一

小時嘗怪康、雍兩朝，以政治軍事之力，鞭笞海內，嘘吹羣生，爲所欲爲，獨於人民集會結社，畏若蛇蝎。律令燒香拜盟之禁，至於唐律採生折割同科，硃批諭旨之注意，且百數十年而不稍懈。昔明季遺老王船山、顧亭林、黃梨洲諸人之所締構設施，歷世久遠，而承其緒傳者，猶復不忘朱明，思欲顚覆滿清客帝，乃始饜飫哉。又再鑑於西漢武帝徽行之困於上林遵夕陂滙，與彌勒白蓮教之誣惑致亂平，韓愈有言，孔墨必相爲用，司馬遷班固之序史，既引韓非之語，儒人文亂法，俠以武犯禁，而謂墨子之道大而難行，乃知中國秘密會社之風，出於遊俠；而遊俠出於墨子，墨子之教，其師死，其弟子皆從死，而傳下子者以紹師位，不得死，故其仗義合力救世之用，乃不得不變而爲俠，王黃諸人特開其一焉耳，朱家，郭解，季布，亞夫之喜得劇孟，田橫之客海島，侯嬴之遂信陵，帝王將相，無如匹夫何，此其爲力，其不隱然敵國哉！宣清代諸帝之忌慮於此也。昭烈入蜀，甚怒彭而僅髮鉗之，極恕黃權之降魏，爲聽法正之忠言，至令諸葛思之不置。後之覽史者，鮮不謂其措出乎恆情之表，華陽國志乃著蜀中大姓有任，黃，楊，彭，程，法之詡，而晉史所記，顯榮舉族南渡，及祖逖偕陳氏家將，致使陳氏主爲之傾破，因以推知宗法社會衰敗以來，豪傑人士，無所藉手，不得不誓約爲兄弟父子，以成其業，六朝五代，迄乎明清，莫不皆然。吾民族之所以團結而自拔者，信于有賴於此耳。嗚乎！政治之不見以驅策英俊也久矣！自其末流言之，誠有如法家之於儒墨，病其根本言之，則韓愈之說，未可疑也。天生豪俊，必有用之，不足治，而結社集會，乃自託於經濟，其勢則然，而其用世之志，乃經濟溫飽之可饜飫者哉！情乎！御世者之迷於政治權力而奠之知也！遷知之矣，而千百年以上之人庸知世變之亟！其遞延養成之力，有不可侮者是乎！余懼其漸衍漸遠，而忘其朔也，乃歷考而鮮記爲書，李傳孫呂張顧王黃等諸人，所以創業道統之故，席幾其不泯歟。於其付刊之物，爰撮敘云爾。

張樹聲　識於重慶

民族精神　自序二

余前著民族精神一書，本欲揚闡眞義，以匡正門徒之認識，因限於篇幅僅列表未詳耳，康友叔平憂時士也，其於道書悟出眞諦，裨益救亡圖存，復興民族，誠爲忠黨愛國，擁護總裁之寶鑑。凡我國同道，理應敬之，溯自我國民之秘密結社，起源於清代初葉，惟處專制時代，爲防官府注視，故每託言勸善，因之眞言法語之類，亦詞涉隱晦，難於索解，流傳既久，訛後傳訛，即個中人，亦輒數典忘祖，魯魚亥豕，眞意轉泯。迨滿清傾覆，民國肇建。國父於著作中每論及會黨，志在「反清復明」，抱有堅定民族主義，且歷次革命，均曾盡力，至是會黨宗旨，始得昭示由於世，惟其要義，向係口授，欲叩其源流，戛乎爲難。

余此作，於幫會內容、提要、闡述，外人見之，可深其對幫會之瞭解，幫人讀之，可懍其責任重大。

國父嘗述及會黨合併於興中會，戮力革命大業。而幫會之本旨，原在發揚民族精神，因與吾黨主義脗合，是幫會中人，皆謂爲吾黨同志，要可無不可，溯自發動神聖抗戰，迄今，我既已愈戰愈强，勝利在望，而不平等條約之撤廢，使百年桎梏，爲之脫除，尤使國人放鼓舞激勵，一往無前。幫人向植深厚之民族思想，今獲此編，益必各盡所能，在吾黨領導下，獻身於國家社會，是此書之益於幫人，固不僅正誼明道已也。

張樹聲　識於重慶

民族精神　自序三

孔子曰：凡有血氣，莫不尊親，尊親愛衆，人心順心，故尊親愛衆，可爲天下之大本焉，居則修身齊家，出則治國平天下，其道一也，見善則如不及，見義則必勇爲，其理一也，儒則同心共濟，佛則慈航普渡，其法一也，個人能得其理則安，天下能得其道則清，清平之治，人人望之，安樂之福，時時求之，然而不知尊親愛衆之故，上下乖離，內外睽隔，以至沈淪顚沛而不悟者，良以不得同心普度之法故也，溯自南宋周祖，首創家理，傳由金，羅，陸，翁，錢，潘諸祖，又由潘祖秉乘家理之源流，啓發安清之要意，普門開放，大道心傳，昭如日月，蓋於修齊之中，寓以治平之望，濟世度人便能四海爲家，一理心照而已矣，乃外人不察，竟以不正之團體目之，如後人不察，歷代祖師開道之苦心，亦以自私自利之團體行之，則不能仰體祖師尊親愛衆之旨，實爲違法亂道之徒，所以家理者，民族之團體也，安清者，團體之方法也，由民族之團結精神而言「家」，由個人尊親愛衆而言「理」，「家理」之義亦大矣，茲於重印通漕之前，謹綴數語，以示虔敬，所以祖師遺留之

民族精神　自序四

吾人以俠設教。俠之爲言，平也；故俠之唯一原理爲平性動而愛力生。平性動，吾俠謂之「**眞情**」；愛力生，吾俠謂之「**熱腸**」，而繼之以無畏。不平則鳴，蓋人對我不平而發動自愛。**路見不平拔刀相助**，蓋見人有不平事而發動愛他。**見不平，就是眞情之流露；相助，就是熱腸之動機；拔刀，就是無畏之實現**。故吾俠生命之立足，只是眞情，向上之工作，只是熱腸；創造之手段，只是無畏。吾人欲完成俠之任務，非眞情無以立，非熱腸無以行，無畏以至不可。不眞情而僞意；不熱腸而冷血；不無畏而懦怯，均非俠者所應爲。俠而不俠，罪加一等。**富貴不能淫吾志，俠爲之也；貧賤不能短吾氣，俠爲之也；威武不能搖吾心，俠爲之也；生死不能奪吾節，俠爲之也**；今敵人侵我國土，殺我同胞，辱我姊妹。神州沉陸無日，吾人所以能以至弱敵至强者，亦俠爲之也。故於此手册付印之際，特爲我俠伴述俠意於篇首，願我俠運同伴本眞情熱腸無畏之偉大精神，對一己努力人格爭鬥；對羣衆努力新人運動；對民族努力黃魂重鑄；對世界努力人類復興，庶不愧爲俠！

性。」蒿菴先生云：「正大經以正人心。」習齋先生云：「人須存性，尤須盡性。」亭林先生云：「天下興亡，匹夫有責。」是先賢外儒服而內俠腸，己立立人，爲天人一貫之學；利人濟物，不求人知，做俠腸人，安社會救民族之大難，捨此莫屬。民族精神團結之根本，在「義氣千秋」四字。通漕二次行運，六大親幫，香火興旺，此實敝家師朱老前人上懷下國，爲民族復興打算之苦衷，上體明朝　先賢顧、張、李、黃、王、孫、顏傅等民族救星未竟之遺志，（註一）邀集六大親幫（註二）沈、孫、張、馬，方、姜、王、等諸位老前人（註三），出爲繼續第二次行運也。至於傳法儀注，悉遵佛制，並奉達摩爲初祖，六祖爲宗祖，蓋有深意存焉。達摩創禪宗，不立文字，專主內修，去欲存誠，佛性自見。五祖傳六祖衣鉢，係秘密指授，恐其因法得禍，皆時機不適於言說與公開耳。本幫創始在明末清初，遭時忌諱，結義氣之緣，作救國之計；救國必先自救，如佛教渡人之必先自渡也。僧家爲護法而犧牲個人一切享受，亦如國民愛國須捐除個人之一切私利也，意義相同，理無二致。迎合社會之信仰，掩避官府之耳目，不藉文字，自具眞諦，正所謂教外別傳，無一不與禪宗之打啞謎參話頭相吻合，故以金祖爲直接接受六祖衣鉢，遠紹前規，恪遵祖制，正不必拘於親承，限於時代云爾。今則國難當前！聲也不敏，生逢斯時，願我同道，本基督救世博愛之精神，並以老莊之靜虛，利他濟物爲體，以禹墨之苦勤，立身行道爲用人！卻私奉公，勇於赴義，庶幾喚醒人心，挽救狂瀾，濟此國難，或有裨益也。與同道共勉之，並祈賜教。以爲序。

註一：顧亭林、張滄水、李二曲、黃梨洲、王船山、顏習齋、孫夏峯、傅青主。

註二：江淮泗、杭三、嘉白、嘉海瘖、興武四、興武六。

註三：沈盛泰、孫永、張鎮、馬鳳山、方殿元、姜廷樞、王鴻昌。

自序二

張樹聲　謹識

道也者，不可須臾離也，可離非道也，誰能出不由戶，何莫由斯道也，道之於人合爲一體，無道無人，有人有道。安淸道爲人生之大道，凡道中人均沾祖師之靈光，慧命之主宰，提聞取水三門鎖三鑰匙，開天門閉地戶，洞悉眞諦，淺求可安身心，深求可超凡入聖，性命雙修，內外兼施，內修爲靜坐省悟功夫，可以却邪念復天性，外修爲濟人互助行善事，無內修無以立根本，無外修無以救顚危，二者不可偏廢，庶幾不致枯寂虛嬌內和外順，故能性命雙修，是以安淸道書不可不傳也，凡道中三老四少，得到漕運通草無不視若拱璧莫名珍貴，因瀏覽成熟，則可以爲人從此走遍天下，到處爲家，無親有親，無故有故，無衣得衣，無食得食，誠所謂黃金有價，道書無價，況能正心修身也哉，余自蒙前人慈悲，得沾祖師靈光，搜羅普遍零碎金玉，彙集成册，不敢自密，供諸同道。仰賴三老四少推許，以此書爲，通漕道義，此書不敢以文字見長，乃尊敬前人道範，不能擅改原文，想先進前人不乏通儒，亦未曾加以潤色，儀注亦然也，內容豐富可稱聚菁集萃爲修身慈航，綱領俱備，解釋註明，裨益人生實非淺鮮，惟願吾道中人對於開山門收徒之時，須要森嚴限制，以免魚目混珠，而杜社會不良之論調，吾道中人，講究三綱五常，五德八倫，不偏不易，正大光明，最低亦應循規蹈矩，求平安清吉，縱然有爭強好勝之俗事，亦在義字範圍之內，祖訓師誡，幫規著載顯明，偶一不愼難免欺師滅祖之譏，不能爭光耀祖，而遭敗壞家風罪，此爲余最疾首痛心所惋惜者也，先存學好誠意，而後以道範心，心正而身修，身修而齊家，家齊而國治，國人皆君子，而天下太平矣，此種光榮不難做到，要在億萬人一心，精誠團結，惟義而已矣，安清道非謠言惑衆，專講靈異無味迷信之道，亦非其他宗教可比，人生過去幼稚時至成年之時，受過良好教育者，故能按步就班收得良好結果，而有時有事偏於己見，不能博愛濟衆，濟困扶危，即能廣修善事，亦自爲功德，而安清道救濟同道，及一切善舉，乃遵祖師訓誡，係應當爲有功德之實事，無功德之虛譽，人人有此義務，人人有此權利，世界大同，惟吾道之諄諄垂訓也，安清道，上自偉人、政客、軍、警、學界、士、農、工、商，以及各行各色之人，均受一師皆爲師，一徒皆爲徒限制，可稱平等之道，決無字大香頭高，字小不敢稱師之理，須知今日之徒，即將來之師，不可自暴自棄了不長進，奉勸吾道中人不可醉生夢死，糊裏糊塗，有負前人慈悲，愧對祖師之留道教人之仁心，倘吾道中人爲非作歹，作奸犯科，甘心爲安清之罪人奸臣賊子，人人得而誅之，安清家法何能姑容也，故余願吾道中人開山門收徒時，當愼加考慮也，所以祖師訓示師訪徒三年，徒訪師三年，亦謹愼之儀注也，請想從前歷代祖師收徒傳道，愼而又愼，豈可不自警惕，遺後患於無窮。總而言之，安清道是好道，是正道，是有益於人生之善道，是補助教育法律不及之道，非迷信符咒虛無漂渺之道，道義之書是道中標準之書，是道中人指南之書。道正，書好，而非遇誠信徒衆不可以傳，不遇正人君子不可以垂久遠，余功過未敢預定，昌明未敢預卜以覘將來之果，即證前因，不計工拙，本苦口婆心，以爲之序猶望海內同道有以教之。

宮降玄元之氣，以感印度皇后而生，由此看來，釋氏乃老子之化身，孔子學禮于老子，故太上東渡仲尼，西化牟尼，所以儒釋同源，而道教根本於易經，故孔門之書無非闡發易經，佛經道藏也，無非是闡發易經，至佛經中之金剛經，曾稍事涉獵，金剛經之全名爲**金剛般若渡羅密經**，吾聞師云，欲解是經，必以儒經爲本，否則易流於索隱行怪，金剛者乃無形萬劫不壞之金剛，非若有形有名之金剛，即易之乾元是也，故曰，大哉乾元，萬物資始，乃統天而言，統天當然地與人物也在其內，就是孟子所說浩然之氣，至大至剛，金剛在佛教名牟尼寶珠，在道教名金丹聖胎，在在儒教名九曲明珠，即中庸所云，不貳之物，均係金剛之別名，金剛是什麼煉的呢？就是人身上所有的神氣精三寶鍛煉而成，能順、能逆、能分、能合，合則以般若爲法門，逆則以金剛爲究竟，煉精化氣，煉氣化神，煉神還虛，逆行向上，即可成仙，成佛，成聖，由神生氣，由氣生精，順行向下，即可生男生女，故順則爲凡，逆則爲聖，順行爲禮天治人之道，逆行爲盡人合天之道，波羅者，包羅也，密者秘也，就是易經說的放之則彌六合，即是波羅卷之退藏於密即是密也，就是中庸上說的語大天下莫能載焉，語小天下莫能覆焉也就是易經上說的無極太極，太極者放大可包天地，就是波羅，無極者縮小而爲粟米玄珠，可至於無即密也，故無極太極即是金剛，動爲太極，靜爲無極，亦即是中庸說的，天命之謂性，由此看來，三教俱以講性爲爲主，儒教存心養性，釋教明心見性，但所講之性，乃先天之性，非後天之性，所明之心，乃先天之心，非後天之心，先天之心，乃虛靈之心，後天之心，乃知覺之心，先天之性，乃天命之性，後天之性，乃氣質之性，故道家所煉的，儒家所養的，與夫佛家所見的，均指先天而言，現在講性者，多落於後天用功，有總合的功夫，有分段的功夫，總合的功夫，就是中庸的致中和，也就是金剛經上的阿耨多羅三藐三菩提，即爲無上正等正覺，若依儒教之講法，三藐是人身上下中三丹田，人生世上，嗜好甚多，酒色財氣，喜怒哀樂，貪嗔愛欲，將三丹田弄得如亂草一般，故須用三菩提功夫，菩是普遍，提是拔也，去也，即先去物慾之謂也，就叫做去人慾，其功夫就是阿耨也，就是禮記上所說的，修禮以耕之，講學以耨之之義，如農夫去草一樣，薅去則苗生，人去私慾，三田始能乾淨，故曰，去人慾，以存天理，天理即是天性，由此看來，三教實無區別，不過作法，微有不同，道家之修心煉性，就是阿耨多羅三豚三菩提也，就是儒家的人心惟危，道心惟微，惟精惟一，允執厥中之意思，金剛經全部通，是教人不著色相，曰般若，波羅密者中，分聞般若，波羅密見般若，波羅密說般若，波羅密行般若，波羅密還有忍辱般若，波羅密，俱始一般的如祇樹給孤獨園，與大比丘衆千百五十人俱爾時世尊云，佛家稱世尊，等於儒家稱聖人，稱菩薩，等于儒教稱賢者，稱菩薩摩訶薩，等於稱大賢，祇樹即人身之下丹田，道家之無根樹，有根即著色相，無根就是儒家的精一也，就是回教的清眞，所謂與大比丘衆，千二百五十人俱，也就是與儒門弟子三千一樣，大比丘者，即子貢所說的，他人之賢者，丘陵也，世尊即仲尼日月也，由此看來，三教又何嘗不同呢，佛說，無我相，無人相，無衆生相，相無壽者相是，論語上的子絕四，勿意，勿必，勿固，勿我，以上都是從性功上說的，行般若波羅密，則是命功上說的，至於須陀斯，阿含，羅漢，都是說命功，等於易經上之先天河圖，變爲後天洛書，何謂須陀，是流沙，須陀是渙散，如弱水流沙散渙不止，因人生在十六歲後，智識一開，逐有淫慾，喪精夢遺等，漏洩致精不聚，故不能修道，除夫婦敦倫外，能不走漏，加以築基加夫，由須陀，可轉爲斯陀含，含即不許走漏之義，就是道家煉化氣之功夫，故佛家之果，共計四層，在儒教則分五層，就是知止而後有定，定而後能靜，靜而後能安，安而後能慮，慮而後能得，在道家則分九層，一，築基，二，得藥，三，結丹，四，煉己，五，還丹，六，溫養，七，脫胎，八，面壁，九，赴瑤池（即還虛的功夫）釋家的唵嘛叭咤囉呢六字眞言，就是道家之築基煉已得結藥丹也，就是儒家的窮理盡性以至於命，是無數法，身充塞天地，是謂出神，亦等於儒家可欲之謂善，有諸已之謂信，充實之謂美，充實而有光輝之謂大，大而化之之謂聖，聖而不可知之，之謂神，由此看來，三教究竟同源。

張樹聲　於北平

佛教之與安清

查佛教之入中國，肇始於漢代，而能宏大禪宗，闡揚佛法者，則爲安清世高祖師（祖師姓安名清字世高）著有小乘佛學，爲四十八部諦語，（見歷代佛學吏「暨釋事極古略」及釋家考正辭源均有記載）註經說法教化弟子後世宗之，傳流三百餘年，至南北朝時，神光祖師，爲小乘佛學之導師，在金陵講經說法，值初祖達摩東來渡世，與二祖盤道，達摩點顯神光，一葦渡江，至熊耳山，二祖求道，由初祖指傳大道，傳佛心印，開禪門之衣鉢，始爲臨濟派，大乘佛學，其後衣鉢相傳至六祖惠能，廣傳佛法，不傳衣鉢，至前明金祖碧峯，棄官訪道，棲霞山遇六祖，收爲弟子，道號上清下源，稱爲鵝頭禪師，演派二十四字，爲後來之支派，金祖占一清字，即吾道中前二十四代之第一代祖師也，二代羅祖上淨下清，三代陸祖上道下元，至翁錢潘三祖，爲吾道中第四代祖師矣。吾道因出於佛門臨濟派，故稱爲代髮和尚，向以廣結善緣，利人利物爲主旨，當明末清初，兵匪變亂之後，民生凋敝，漕運廢弛，三祖下山開幫興運，原爲救濟民生，闡揚佛法，引渡有緣，故三祖各開善門，廣收弟子，同心合力，從事漕運，民倉既足，人生乃安，故定幫名爲安清，立定幫規儀注，傳留後世，以茲遵守，後人皆能一力奉行，故能歷久而弗衰，此佛教與安清之系統也，（附註）再頃聞有人因安清之淸字，竟擬改幫名，按擅改祖制，竊意萬萬不可，誠恐此風一開，羣起效尤，此改幫名，彼改儀注，不出數年，眞相隱滅，將使後人無所取法矣，倘再有人從中利用，另謀私圖，彼時眞相難明，則後患不堪設想，且擅改祖制，難免滅祖之譏，滅祖欺師，豈是安清弟子所爲，吾道創立雖在清季，然幫名則爲祖師所訂，與淸室絕無關係，豈可因一字之同，妄想更改，致貽笑於人，而貽後患於吾道，凡吾安清徒衆，當守安清祖訓，一心替祖傳法，修已渡人，守祖遺訓，勿貪利，勿存私，不偏不倚，人人若此，則安清將日興月盛，善門常開，萬年不朽矣，希同道諸賢共勉之。

張樹聲　識於重慶

佛祖考略及安清略歷

世尊釋迦牟尼佛，降世於周昭王九年四月八日，幼名爲悉達，爲北印度迦毗羅城主淨梵王之太子，誕生時在嵐毗尼城園大吉祥城波羅密大樹之下，自其母摩耶夫人右臂而出，放大光明悉皆遍照，普天釋梵，執持繞圍，摩耶夫人越七日而命終，淨梵王即將太子咐囑太子姨母摩利波闍波提，圓滿護持。既而太子年已長大，慧智勇健皆已充足，時或遊觀田野睹農工之困苦，若獸之相食。即便思維起大慈大悲，時或出遊於四門之途，觀生老病死種種之相哀，磋世間之痛苦無際。一心禪定離諸愛慾，雖美色，珍寶，尊榮，富貴，諸種快樂當前。而太子之慈悲救世，普渡衆生之心志已決，絲毫無所阻戀。時年十九，遂乘月夜偕侍從乘白馬入雪山而出家焉。初而問道於波羅門各敎、各師，各大仙。既而入苦行林苦修六年，身形消瘦有若木，頓覺苦行外均非能脫湼，廣度衆生之道，遂出山浴於泥，連禪阿受牧女捧獻之乳，摩坐如是言我爲度脫諸衆生故而受此時終如於迦耶山之菩提樹下大徹大悟坐時光明遍照，思維不成等正覺不起此坐思維七七日，觀四諦十二因緣之法，降伏諸魔成阿編多羅，三藐三菩提爲人天師，時年三十五歲，而後遊歷四方，故感化隨機轉法輪凡四十九年，弟子諸多皈依，無數尊爲佛教鼻祖，萬方皈依。台漢明帝年間始由天竺傳入中國，至梁武帝時有佛教廿八世祖師菩提達摩，由印度浮海入粵，遊北魏止於嵩山少林寺，開禪門之宗派，衣鉢相傳，宗風不絕。

張樹聲　識於重慶

編者註：安親 爲佛教之護法。

跋

由於在圖書館工作的歲月，得以飽覽群書，益覺自己的貧乏，更體會歲月如梭，為不容青史成灰，前人事蹟被泯滅，尤其獲得特殊機緣，進入中國祕密社會鮮為世人罕知的秘境勝地，得以獲悉諸多不求名利，但知奉獻民族與貢獻國家歷欠憂患、滄桑、橫逆、苦難，仍慷慨悲歌，犧牲奮鬥前人的偉大事蹟，個人確有雖不能至，但心嚮往之，對其精誠日月，典型在夙昔的風範，小子不才既有幸得知，惟以發表才是最好的保存，故不揣鄙陋不自量力，以拋磚引玉之心勉力為之，猶望高明賢達發揚光大，天下事，知其不可而為之，但求無憾而已，而今卻有漸行漸遠漸無書，水滴魚沉知何處，以及天未同雲黯四垂，失群孤雁逆風飛之感。而今年邁古稀來日無多，飛鴻雪泥留存痕跡也。

現潮流、時勢大變，存菁去蕪在堅守倫理德，民族精神四維八德下以捍衛中華文化，維護中華民族永續發展是吾人職志使命不可怠忽的責任，拋磚引玉之作猶待賢者達闕補缺陃是所至禱。

民族精神道義結社　清門出版資料匯報

一、忠義千秋第一版　一九八六年　民國七十六年六月
二、忠義千秋第二版　一九九二年　民國八十一年六月
三、清洪秘錄（民族精神在清洪）　二〇〇一年　民國九〇年十月
四、民族精神忠義千秋　二〇〇六年　民國九十五年
五、忠義千秋第三版　二〇一〇年　民國九十九年三月
六、張樹聲逝世四十週年紀念集　一九八九年　民國七十八年十月
七、張樹聲先生紀念集　二〇一五年　民國一〇四年九月
八、運河漕運與青幫　二〇二〇年　民國一〇九年八月

義氣千秋

家門興旺

精誠團結

永護中華

忠義千秋

吳光清 0910-381462

235-55
通訊處：新北市中和區中山路2段2巷13弄27號
電　話：(02) 2247-7952
傳　眞：(02) 2247-8803
E-MAIL：allfamily168@gmail.com

忠義千秋　再版說明

一般人聽到××幫××會，總將它想成是逞勇鬥狠、爲非作歹的不良組織，那麼，誤會就大了！

溯尋中國幫會的演進，你將會明瞭幫會結納的動機——秉忠尙義、行俠仗義、無畏犧牲効忠國族的史實。

對於存在我們這個社會當中，那些所謂黨、幫、派、教、會、社，這些個社會團體組織，您知道多少呢！對於它們的存在，您又瞭解多少呢？

當然，若您是某種社團的一份子，基於共同目標的結合，必然知道它的本旨與精神，對於它的存在價值，也有一定程度的認同和參與。反之，對那些您不曾接觸的社團，亦必因爲陌生，而不知其所以然了；但憑人云亦云或道聽塗說，只會加深人們的誤解和謎團罷了，「它」是怎麼一回事，還是抓不著邊。今天我們就最爲人誤解與詬病的幫派、幫會來談談吧！

我們生活在這個社會上，由於實際環境的需要，都需要朋友，都渴望情誼。藉著晤聚相處、交往共事，達到互助、互惠的目的；擴而大之，由此關係而產生一些社會團體。「幫」就是最常見、最通俗的一種。基於其本身利益的維護與獨立的排他性，聚集結合而成的「幫」；在銀錢往來方面有所謂「錢幫」，至於鹽、茶、米、糧、雜貨也有其相關性質「幫」的組織，以達到彼此在供需與價格上配合；總之「幫」的名目之多、類別之雜，實不勝枚舉，但其目的不外是為了維護保障共同的利益達到互助的目的。

倘若漫無目的、無所事事，但知逞勇鬥狠，甚至為非作歹，這種走入歧途的團體，就變成了不良幫派。不良幫派違法犯紀，危害社會安定，當然就得取締剷除。

反之，那些有崇高理想，正確宗旨，光明正大，作為有利於國家民族，眞正遂行互助合作，造福群衆，個人與家庭的社團，即使稱為幫，稱為會，只要值得參與，不是邪惡的社團，我們絕不能因為它的稱呼，就盲目的排斥它、打擊它，甚而誣蔑它。反而應該在確切了解之後，讚助它、肯定它，使在發揮社會互助存在價值下，發揮其正常的功能。

中國的幫與會，起源甚早，可以追溯到二千四百多年以前，基於當時人類互助團結的生存實際需要，自然而然產生的。春秋戰國時代，列國紛爭，社會動盪，因而推動了一種仗義行俠、遂行互助、剷除強暴的團體組織的產生，幫會最早的創立人就是墨子，後世推崇他的思想與學說爲「墨家」。墨子是戰國時代的人，眼見當時列國諸侯強凌弱、衆暴寡，毫無公理正義可言；故大力倡導「兼愛」、「非攻」、「節用」等學說，希望百姓能在平等、互助下生活。

墨子在當時，曾因強楚欲攻弱宋，而專程由齊國奔走至楚，摩頂放踵，日夜不停，只爲勸阻公輸般伐宋之舉，遂其「兼愛」「非攻」之理想。墨子這種人溺己溺、仗義行俠、消弭兵災、拯救生靈、無視個人生死的豪傑行爲，就是幫會中人最崇高尚俠義情操的表現，其抑強扶弱、主持正義的英雄行爲，非爲一己，更不是追求功名利祿的義行，成爲幫會人士行爲的典範與準則。同時其門生弟子亦有「生死以之」的豪邁氣慨，淮南子泰族訓曾載：「爲墨子服役者，百八十人，皆可使之赴火蹈刃，死不旋踵。」言其赴湯蹈火、死不顧身的情操。此爲中國幫會講求義氣的先驅表現。

墨子之後，幫會的首領，名爲鉅子（即後世所稱的「龍頭」），此見呂氏春秋高義篇；又莊子天下篇云：「是以鉅子爲聖人，皆願爲之教，冀得爲其後。」

據呂氏春秋上德篇所載，墨家鉅子孟勝，義死於陽城君，其門生弟子從殉者百八十三人。其義勇壯烈之精神，一諾之誠的典範，實為後世肝膽性情之英雄豪傑、義士俠客所仰慕。

再墨者之法，見於呂氏春秋去私篇：「墨者鉅子有腹鯨者，世居在秦國，其獨子殺人，依律依處死。秦惠王憐腹鯨無後，特赦之。後告腹鯨曰：『先生年歲既高，，又無有他子；寡人已下令免於誅殺，以留後嗣。』腹鯨對曰：『墨者之法，殺人者死，傷人者刑。以所以禁殺人也，而禁殺人者，天下之大義也。王雖赦免吾子，但腹鯨不可不行墨者之法。』仍將其獨子處死，以符天下之大義。」

後世之幫會，其組織與精神，仍沿用「墨家」的鉅子制度，與篤行墨者之法，所以「墨翟」被奉為中國幫會，即民間俠道豪傑義勇之士結合社團的始祖。

淮南子人間訓篇則易「墨」為「俠」，而倍加讚譽。俠者不為官吏，而廣交遊；能濟人之急，拯人之難，不愛惜身家性命，為恤存天理義氣，故世稱之為「遊俠」。史記與漢書皆分別列載「遊俠列傳」，對其豪勇俠義作為推崇有加。

據司馬遷史記遊俠列傳所闡述，遊俠的行爲作風，雖然未必都合乎正義的軌道，可是說話算數，講求信用；做事堅決果斷，凡應允承諾的事，必定誠敬篤實的履行實踐。不顧惜憐愛自己的身體，對於別人的艱難困危，縱然有著存亡死生般的功勞，也不屑去自我誇耀，更羞于頌揚標榜自己。這些都是頗值得我們去尊敬、欽佩與稱許的優點，緩急之事人皆有之，肯於拔刀相助，端賴彼此合作團結以達到目的。

太史公亦謂：「布衣之徒，設取予然諾。千里誦義，爲死不顧，亦其所長。」乃講一般平民百姓爲顧全義氣，無論任何作爲，但依憑一句承諾，使得千里之外的人，都爭相傳誦他的義行；即使爲此而犧牲自己寶貴的生命，也沒有絲毫顧慮憐惜，這些都是遊俠本性特質之表現。

爲了一般人不甚了解俠士義人的秉性本質，司馬遷有著非常沉痛悲哀的感覺。因世上很多人重儒而輕俠，以致俠士的義氣高節卓行，湮沒無聞，鮮爲人知。殊不知道俠之眞者，儒亦仰賴之，故太史公在遊俠列傳上，六贊遊俠，對其推崇讚譽再三。

班固作漢書，仍按史記舊例，亦有遊俠列傳，列述西漢遊俠赤眉、銅馬、鐵脛之俠義事蹟。

范曄作後漢書，陳壽作三國志，亦將東漢及三國時代的遊俠分別列傳敘述。此後，隋唐、五代、宋史上，皆有遊俠的記載。

宋・施耐庵將元末的民間秘密會社，與宋江梁山的故事，編寫成家喻戶曉的「江湖豪俠傳」，亦名「水滸傳」。在這本小說中，我們可以清楚而又明白的認識，豪傑俠士聯盟結義，其組織內部的情形。

明太祖朱元璋亦卽結合這些俠義社團，起兵抗元，創「日月敎」，又稱「明敎」，藉著宗敎的掩護，聚合羣衆來從事驅逐韃虜的種族革命工作，終至有成，一舉將胡元趕出塞外，重振大漢聲威。

在明代的秘密幫會結社，則以「東林黨」與「復社」最爲知名。

「東林黨」由於顧憲成在東林書院講學而得名。明天啓四年冬，王紹徽作「東林點將錄」。仿「水滸」一百零八將，列舉「渠魁」、「副帥」、「前矛」等職稱，此皆幫會結社特有的稱呼。

顧憲成講學東林，遙執朝政。與淮撫李三才相結納，權傾朝野；故「東林點將錄」以李三才爲「開山元帥」。「開山」二字爲幫會專用字彙，就明白指出其爲幫會首領。

按「清幫要覽」（亦名「進家手册」），這本書亦云清幫的金祖「清源」，即李三才的化名，是其創始者。觀李三才之例可知，義士俠客之易名更姓，在於遂行其俠事義舉，而從不計較聲名；因其志不在此。惟求無負義氣而已。

復社以張溥、張采、陳子龍、徐采遠等人爲首領。當初他們率領士人驅逐閹黨魏忠賢，所發之檄文頗聞名於世。

「復社」以社長爲「正配」，門人爲「十哲」。於是僧道優倡，士農工商，醫卜星相與夫拳勇之徒，以及綠林豪傑都競相加盟入社，因此「復社」聲氣遍天下。

「復社」是以復興學術文化和發揚固有倫理道德爲宗旨的幫會組織。不但創辦雜誌、散佈學說，更結合有志氣節操的讀書人，砥礪道德文章，強調忠義思想，希望經由輿論與科舉二方面的成就，來改革當時腐敗的政治現況。

崇楨十四年，張溥棄世；十七年明祚亦亡於流寇李自成。俟清兵南下，志氣清明的讀書人，皆認爲當前不宜再空談學問。乃奮然而起，領導羣衆，以種族大義相激勵，來對抗勢力擴展的新朝。更由「薙髮」來鼓盪民氣，以

「留髮不留頭，留頭不留髮」的決心，來與當廷抗衡。

觀「復社」原期經由學術的傳播，藉著科舉的成就而構成政治團體，達到改革政治現況的目的。但遭受亡國之劇變，不甘異族之侵凌，於是盡一切的奮鬥來扶持朱明諸王，其明知不可爲而毅然爲之，全力維繫民族精神的犧牲，是浩瀚鉅大而至爲可佩的。

再者，有感明朝士大夫之不學無恥，沒有氣節操守是國家淪亡的主因。於是先賢大儒乃將種族大義，民族精神隱入幫會之中。故繼「復社」之後，「天地會」與起。

「天地會」號召社會廣大羣衆，激發忠義民族精神，不期急功的傳揚革命思想。惟因「天地會」從事反清復明的工作，一切但憑口傳心授，留傳的資料甚少。

據考證得知，「天地會」是鄭成功於明隆武二年，即西元一六四七年八月所創立。當當時其父鄭芝龍決心降清，召成功議事，成功不從，父子決裂。成功乃攜帶儒巾藍衫，到泉州孔廟哭祀於孔子，決心棄文從死，移孝作忠起兵抗清。後又與部將陳耀、張進、施琅、施顯、洪霸、洪顯等九十餘人，在鼓浪嶼設明太祖神位。歃血爲盟指天爲父，以地爲母，故稱「天地會」，以誓滅韃虜，興復漢室爲職志。隨後紛有志士相繼加入，以先來爲兄，後來爲弟，故又稱爲「添弟會」。

據睦雲章先生所著「 國父與洪門」一書指出，鄭成功是當時從事反清復明行動工作中，最堅強的一位忠義志士。他以台灣爲反清的根據地，在當時首府的台南與志士結盟，創立「洪門」幫會。蓋「洪」者乃隱喩漢失中土之意，時時惕勉規復失土；在參軍陳永華全力輔佐下，開立「金台山」、「明倫堂」，號召仁人義士。山主也就是延平郡王鄭成功，所以如今鄭成功在台南的故居，被稱爲「開山王府」，奉祀他的祠堂則被稱爲「開山王廟」，而這些歷史古蹟所經的道路，現在則稱爲「開山路」。

「洪門」初創於台灣，繼續展於閩浙，後更發展到兩廣，以及湘、贛、川、貴等以至海外各地。惟各地名稱雖有不同，但其精神與宗旨則完全一樣。

與此同時，行運江、河、湖、海水流之處的「漕幫」，亦藉宗教之掩護，陽爲清廷輸運糧米，實則在蓄勢待機，並以工作之便蒐集情報，探悉清廷虛實，一俟時機成熟卽截留糧米以應軍需，聚集船伕水手及運河兩岸民衆，配合「洪門」行動共同抗清。

此刻先賢大儒顧亭林、傅青主、戴廷栻等，更在山西創立「鏢局」與「票號」。以「鏢局」之名訓練徒衆，藉走鏢之便與各地英雄豪傑串連掛鈎。再以「票號」通滙資財，俾於必要時得以支應義軍起事之用。觀之這一切一切的措施與安排，都是爲了推翻異族的滿淸入主中原，誓以驅逐韃虜，恢復故土爲職志。

幫會在當時都是以歃血爲盟，聚衆結義的。

故康熙初年特頒大淸律例：「凡異姓人等，但有歃血訂盟，焚表結拜兄弟者，俱按謀叛律斬。可見朝廷對幫會防範之嚴，與顧慮疑忌之深了。

但幫會爲了持續存繼與擴大發展，乃遁入宗教或藉習俗，以各種不同的方式來活動。本省的「拜拜」，就是一種，藉此聚結集合，溝通連繫。當時各種社團，其名稱或因時、因地、因人或各有不同，但其秘語、暗號、手勢則無有差異。其一本摯愛民族，尙忠行義的本質特性，則絲毫無所更移減損。

綜觀當時所有民間的秘密結社，其規矩儀注、宗旨條規亦頗雷同，鮮少差異。此無他，惟恐自己不識自己人，發生不必要的誤會。由於其秉忠尙義民族精神的蘊含，使得所有的幫會結社，都能不分彼此，情同手足。其相互密切的關係，就如同骨肉兄弟一般。

蓋括言之，在內陸及海外，顯然爲人知曉的就屬「洪門」，形態比較公開。茲轉錄馮自由先生所著「中華民國開國革命史」的一段以證之：

「旅美華僑之洪門團體，號致公堂，總部設於舊金山大埠、芝加哥、波士頓、聖雷士、羅省、費城等數十埠皆設分堂。但凡華僑駐在之地，無處不有之，咸隸屬於舊金山總堂。華僑列籍致公堂者，佔十之八九。其在大埠，未入洪門尚可謀生，若在小埠，則非屬致公堂會員者，輒受排擠，難以生存，故其勢力之大，爲各社團之冠……。」（按：致公堂是一統名，其下分支甚多。）

東南亞及南洋羣島，「洪門」則名爲公司，避免世人注意，統稱爲「義興公司」，但又因地方區域的不同，分爲福建義興、廣肇義興、潮郡義興、客屬義興、海南義興等。至於義興之下又有海山、廣福、福興、義信、義福等支系分會等。

非律賓則有中華進步黨、非律賓致公黨、秉公社、協合競業社、竹林協義團等。抗戰時期曾組織「鐵幹團」，參加抗日工作。

至於「清幫」，則較爲隱密，但凡水流之處的城鎮、港口、碼頭、湖泊，俱為其勢力範圍。但實際講起來，「清」「洪」本為一體，而無所分別。就如同吾人的手掌一般，雖有手心（清）手背（洪）的區別，但終為一體的二面而已。惟因其獻身民族大義，職責限制，自然形成內外，即「清」內「洪」外，「清」隱「洪」顯。

故江湖有諺：「只有金盆栽花，沒有清洪分家。」或「鐵樹不開花，清洪不分家；鐵樹開了花，清洪分幫不分家。」的說詞。

再者，「清」隱在於蓄勢養望，講求韜略權變，不輕易暴露身份，是為指揮坐鎮領導的「帥」。

「洪」顯是為衝鋒陷陣，攻城掠地，揭義對敵，臨陣當頭的先鋒，是為「將」。

故亦有諺：「清轉洪，鯉魚變龍。洪轉清，剝皮抽筋。」

此乃為達到種族革命，成功的安全措施。蓋上諺前句所言意謂，在「清幫」蓄勢養望已成了氣候，出而領導「洪門」弟兄，遂行反清的任務，自有鯉魚飛躍龍門，身價百倍，不同凡響的意味。後句則在惕誡會衆，既入「洪門」反清的立場與身份顯明，與滿清政府猶若對陣的敵人一般，若再投效隱密潛伏的「清幫」，勢必危及大衆的安全，暴露了掩護。特別嚴加防止以阻逾越，對違抗者處以剝皮抽筋的重刑以儆效尤。

清洪本爲一家，枝葉根脈同源。終滿清一朝，數百年間，清洪兄弟相遇，非但不存隔閡，並且和衷共濟，患難相扶持，困危共擔當的精誠合作，相互協助，沒有絲毫軒輊與見外。

國父　孫中山先生，鑒於革命必須藉幫會之力量，方期有成。乃於民前十九年，在檀香山參加「洪門」致公堂，隨後開創「大陸山」，進而籌組「興中會」，民前十一年又與「哥老會」首領黃興、畢永年及「三合會」頭目，合組「興漢會」。進而更納結全國會黨及海外留學生及華僑，創立「同盟會」。集中全部人力物力，精誠團結，前仆後繼的從事革命，其間先烈們拋頭顱、灑熱血，不畏生死、無懼犧牲的努力奮鬥，終將腐敗而又喪權辱國的滿清推翻。

幫會人士對種族革命，竭盡忠誠的熱忱參與，非求功名利祿。其毫無保留、徹底無私的奉獻，與功成身退，忠肝義膽、豪邁瀟灑的偉大情操。觀諸史實，歷歷在目，斑斑可考。這種捨我其誰，惟「義」所歸的氣慨風範，何等崇高偉大神聖純潔。

再者，幫會人士，皆可視爲性情中人。其以「義氣」爲先，重然諾，尚篤行，見利不虧其義，見難不更其守；慷慨勇往，捨身就義，無視功名現實，不慕虛名浮譽以及財富地位，此等皎然志節的俠道行爲，在在使吾人仰慕欽佩不已。

清洪前人的肝膽義風，至今猶存人心。尤其在這人心不古、藏汚納垢的社會裏，更需要如幫會之義氣俠道，來振奮人心，揚啓善性。至此，惟期忠義秉性的幫會人士，發揮其忠義精神，團結擁護在政府四周，作爲社會的先鋒，民衆的基幹，爲民族爲國家盡份心力。

編者亦認「幫」既被清廷醜化汚衊二百餘年，積習難返，既提「幫」道「會」易爲人誤解，蒙不白之寃。不若改稱「邦」更易爲人接受，蓋「邦」者家邦也，其層次、格局、氣勢又上一層，野人獻曝之言，尙請賢豪高明指正。

忠義千秋 三版說明

二十五年前，古亭書屋高賢治君，在戒嚴時期威權時代助我出版【忠義千秋】宣揚家理，回首前塵往事，不竟感慨萬千，現縱已近古稀，猶時時事事不曾片刻忘懷家理之發揚光大，而今時移勢變家門日漸興旺昌盛，人才倍出，轉型公益服務社會，著有成效。此刻當以促進中華民族大團結，爲當前歷史任務，此舉將更獲得社會之肯定。

今桃園一心安親會，創會會長葉素鍛女士醵資再版出書，藉以溝通建立共識，廣結善緣，誠一公德也。

惟家門稱呼實有明確詮釋之必要，以期名正言順言順事成，特於此次說明【安慶】、【安清】、【安親】名稱略述據家理文獻所載，清門創幫始祖潘清利用滿人信佛的心理，假託佛門禪宗臨濟派，藉教興幫，以勸人爲善作爲掩護，暗中灌輸民族思想，發展組織，進而掌控專責漕運的漕船，暗中灌輸民族思想，發展組織，進而掌控專責漕運的漕船，利通暢，又可以使群眾得以謀生，同時也凝聚了力量，欲藉此良機奠定復國的根基，再爲紀念明太祖朱元璋，龍興之地的安徽鳳陽府，朱家崗朱安、朱慶两個地方結社，起兵參加郭子興的義軍，抗元建立明朝，振大漢之天威、復炎黃神器的先例，故以【安慶幫】命名，實寓有民族革命之深意。俟乾隆偵悉得知，安慶幫潛在勢力龐大，而且組織嚴密，又別有用心，倘不能好自安撫轉爲已用，後果必然堪慮之至。乃以籠絡政策、軟化的手段，用平民身份以拜佛、信教爲由託人引介加入安慶幫，及至投帖、拜師之時，又覺自己以帝王之身，焉能向平民下跪，於是當場表露身份，此時幫中三老四少，無不驚駭萬分，但乾隆反而温言撫慰，並嘉許讚賞漕運工作有功於朝廷，且親賜盤龍棍以爲安慶家法，同時厚加賞賜領幫前人，於是諭令幫中領袖改【安慶幫】爲【安清幫】，意思是爲清廷安邦定國，漕船大眾願爲漕運効力，並規定以後但凡開堂收徒，必須由駐防之旗營派人參爲加，以示隆重而實則以爲監視。在這種情況之下，領幫前人焉能不虛與委蛇遷就現實，外表非但不敢有絲毫反抗，並且要迎合旨意，做得毫無破綻才行。但又恐傳之後世失却創幫之本眞，乃藉口傳心授，將各種反清復明的民族革命意識隱含於規矩、儀注之中。吾人必須細加第一步是爲（記名）入會者仰慕安慶經人引介，塡寫小帖拜師，此時僅知投拜之前人（師父）是誰，磕下三個記名頭而已。而一切規矩、術語概不傳授，開始被查考。經過一段時間的明查暗訪、以及考核，記名者的身世與品德，在沒有大的暇疵才能進入下一步。藉著往來可以得知師爺、師太的名諱有了一幫三代。

第二步是（上小香）即是踏根禮，有了正式的引進師，得到二幫六代，這時入會者也只是僅知幫規與一般問答，至於規矩、儀注也略知大概而已，仍是在被查考，但已進入半步認家禮階段，可以藉著討慈悲來接受前人的教導、訓誨以及逐漸認識幫中的事務。

第三步是（上大香）此時乃以得拜見祖師爺，及與隔幫調衛三老四少往來，蓋非經本命師長久時間的查考通過，確認此人秉性良善、忠義可嘉、堪值信任，否則絕不會被允許來上大香。因此時已漸進入組織的核心，要被傳授安慶幫眞正的歷史使命與民族革命的艱鉅任務，以及傳授行走江湖必要的規矩、儀注、問答、手勢與結識各水陸碼頭，地方上相關的社會人士，在得到傳道師的慈悲，取得三幫九代家裡的根本，入會者此時己被列入家門未來領導者培植的範圍。

上敘三個步驟，大、小香堂由於俱有駐防旗營派員參加，諸多顧忌，自在意中，而虛應其事，也是理所當然。日久因循行事也使奉令出差的旗營，乏趣而不再當回事，故不時借故缺席。搞出這些繁複的進幫過程，防範如此嚴密，以上不得稟告父母、又不得語及妻子兒女，吾人當可想見領幫前人之苦心，與維護幫眾之至意。在專制時代聚眾謀反，抗拒朝廷那可是罪及妻孥，誅滅九族的滔天大罪。

第四步是（開山門）亦稱開善門，在歷經跟、拉、船、舵、望、靠、給等步驟以及徒訪師三年，師訪徒三年，學規矩一年，至少七年進家的過程，加上在大、小香堂上，獲得三老四少的認可，才得以開啓（善門）山門，此一披髮上座、代祖傳道至為重要任務的傳承，必須由本命師徵得老幫四衛三老四少的同意後，方能親自傳授六字大法，如此進家方算大功告成，可以為家門之興旺廣結善緣、普渡眾生，開堂收徒，領導後學。

此進家四步半的程序，決不可稍容任何相混，未上小香者，不得參加大香堂 而未大香者，也絕不可能開山門，至於開山門時，因有（法不傳六耳）的祖訓，走這一步也僅是師徒兩人而已，旁人根本也是根本無由得知，倘有人言講：某人未曾開過山門或某人開過山門，那可都是齊東野語不值一提，此事因非當事人身歷其境，外人焉可得知。

耑此寄望有心領導江湖，統率群倫之士，必須先有無我無私、遇事向前、義勇當先、慷慨出力、勞怨不計、成敗利鈍無所瞻顧之氣魄、胆識與氣度，來興家繼絕振衰起蔽，倘鼠肚鷄腸、量小易盈、自以爲是、妬賢忌能、挑撥是非，以爲靠些小手段，弄些小把戲，那可是絕對經不起考驗也成不了氣侯。

吾人亦當深切珍惜此難得之殊遇勝會，有幸得以進入家門，誠如投師時引進所謂：有緣千里來相會，無緣如隔萬重山。蓋進得此民族精神之家，得以藉道交友、無親得親、無友得友、彼此是枝葉同根，休戚相関、一榮俱榮、一損俱損，正如家門圖騰古帆船所寓之；同舟共濟、一帆風順、廣結善緣、普渡眾生之至意，切忌以私害公或見利忘義，甚至唯利是圖。當時刻謹記孝（不逆親）、義（不斂財）、誠（不欺心）、信（不輕諾）、的中心思想與核心價値以及行爲規範，如此必能得到社會大眾的恭慰禮敬。

馬賽教授攝影

編著者簡介

光清（繼榮）

陸軍官校八十三年度傑出校友

中央軍事院校校友總會

八十八年度及一〇〇年度傑出校友

曾擔任社團總幹事、秘書長、理事長

現任財團法人安親慈善基金會董事長

民族精神道義結合清門聯合會報執行長

中國秘密社會文史工作研究者

運河漕運與青幫

定價：新台幣肆佰元正
編著者：吳光清
出版者：吳光清
通訊處：新北市中和區中山路二段二巷一三弄二七號
電話：（〇二）二二四七—七九五二
〇九一〇—三八一—四六二
電郵：allfamily168@gmail.com
編者特助：羅梅華
經銷商：三民書局
地址：台北市重慶南路一段六一號
郵政劃撥：五〇〇八八六二九
財團法人台北市安親慈善基金會

公元二〇二〇年九月
中華民國一〇九年九月 初版

ISBN：978-957-43-7922-4

國家圖書館出版品預行編目(CIP)資料

運河漕運與青幫 / 吳光清編著. -- 初版. --
新北市 : 吳光清, 民 109.09
面 ; 公分
ISBN 978-957-43-7922-4(平裝)

1.漕運 2.幫會 3.祕密會社 4.清代

557.4709 109011694

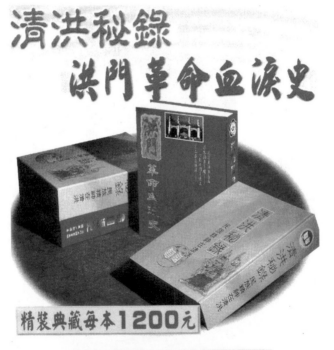